LA VÉRITÉ

SUR LE PRINCE

LÉON D'ARMÉNIE-LUSIGNAN

Déplaisante à certains, comme au crime et
à l'oiseau de nuit déplaît le jour, la Vérité, —
autre clarté céleste, — plaît aux âmes honnêtes.

PARIS, 1878.

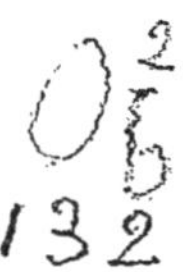

AVANT-FAIT

L'attention publique vient d'être appelée de nouveau sur la personne de l'infortuné prince Léon d'Arménie-Koricosz-Lusignan (1), à qui la mort même semble refuser le repos.

Défendu par les uns (2), calomnié par les autres (3), objet des sympathies du plus grand nombre (4), on le voit encore attaqué maintenant au delà du tombeau jusque dans ses orphelins (5).

(1) En Arménien, le titre de *Koricosz*, équivalant à l'ancienne qualification française de *prince dauphin*, signifie : prince de sang royal appelé au règne.

(2) On lit dans une lettre de Mgr le cardinal Morlot, archevêque de Paris :

« Prince,

J'ai fait avec empressement les démarches que vous demandiez de moi. Mais je suis dans l'impossibilité de vous dire quels en seront les effets..... »

Voir à la note (3), page 15, section III, l'extrait d'une protestation des grands d'Arménie ; et aux pièces justificatives l'incluse nº 2 pour le réquisitoire de M. Schwarck, procureur général à Berlin, et l'incluse nº 4 pour la protestation de l'archevêque primat d'Alznie.

(3) Des ennemis personnels qui l'ont dépouillé de ses biens ; des schismatiques ses ennemis au point de vue religieux ; et enfin certains outrecuidants qui, malgré leur origine bien connue ainsi que toutes les particularités de leur existence, et malgré leur âge avancé (de 40 à 60 ans) ont, dernièrement, imaginé de s'appliquer ses titres, nom et prénom et même jusqu'aux prénoms de ses enfants.

(4) Voir aux pièces justificatives.

(5) Voir en ce qui les concerne la note finale, section XI, pages 30-33.

C'est en rapportant ici des documents certains, que nous allons parler, non d'un prince ambitieux, mais d'un patriote arménien qui s'est résigné à mourir pauvre et délaissé sur la terre étrangère, après avoir tout exposé, tout bravé, tout souffert par dévouement à sa nation.

Il est bien entendu qu'en parlant des Russes qui, maîtres et coupables de ses dépouilles, s'efforcent encore d'outrager la mémoire du prince Léon, nous mettons hors de cause la famille impériale dont les généreux sentiments sont suffisamment connus.

C'est le malheur des gouvernements absolus d'être obligés de se confier à des gens qui se disent dévoués, et se croient tels peut-être eux-mêmes, quoiqu'ils ne soient en réalité que les agents de leurs propres passions ou de leurs préjugés.

En Russie le czar Alexandre, s'inspirant de sa propre grandeur d'âme, a dans la personne du serf moderne relevé l'humanité; mais que d'horreurs, sous le prétexte vain de raison d'État, ne se sont pas commises en son nom dans les diverses parties de son empire!

C'est affaire de tempérament chez des subalternes zélés : sous Catherine II, lors de la confédération de Bar, on massacra 100,000 hommes (cent mille)! Pendant la guerre qui précéda le partage de la Pologne, le général D... faisait ouvrir le ventre aux prisonniers polonais!..

Faut-il rappeler l'odieux souvenir de S... faisant égorger 20,000 habitants de Varsovie (vingt mille), tandis que ses cosaques brûlaient vives les femmes et promenaient les têtes des fils de Kosciusko fichées au bout des lances!

En 1831, c'est le massacre de la population réfugiée dans

une église; c'est un « ordre suprême » exilant 45,000 familles (quarante-cinq mille) !

Ce sont en 1837 la sanglante exécution d'Omks; en 1863 les horreurs de M... et autres; et en 1865 l'incendie des habitations et la déportation des familles, même après l'apaisement de l'insurrection.

Ce sont encore les atrocités commises dans le Caucase!..

Enfin, sans parler des abominations étalées pendant la dernière guerre faite à la Turquie, ce sont les milliers et les milliers de voix qui sans cesse, de la Sibérie, vers les hommes et vers Dieu crient vengeance contre des bourreaux!...

Des drames récents ont, à Saint-Pétersbourg, montré quelles haines farouches s'essayaient à user de représailles.

Mais, si les sectaires ne valent pas mieux que le système contre lequel ils jouent leur vie avec celle d'autrui, si l'assassinat de certains fonctionnaires est aussi coupable que les actes ainsi vengés, de ces faits, malgré tout, se dégage un grand enseignement : c'est que partout les temps sont venus, pour la conscience publique et la dignité humaine, d'imposer aux gouvernants des règles d'Équité, de Modération et de Droit que ne sauraient, sans danger pour la société, primer les conseils de la Force.

Depuis la rénovation accomplie en France au siècle dernier, la démocratie — qui, en réalité, n'est autre chose que le faisceau du droit de tous et du devoir de chacun — tend à conquérir toutes les âmes. C'est à la diriger, à la garder exempte d'excès désormais, qu'au lieu de la craindre doivent s'appliquer les hommes d'État. D'où qu'elle s'exerce, d'en haut ou d'en bas, la *brutocratie* n'est qu'erreur et horreur.

Ces idées furent celles du malheureux prince Léon.

Il aimait à répéter cette sentence de Platon : « Loin d'être nés uniquement pour nous-mêmes, c'est à la patrie et à nos concitoyens que nous nous devons. »

Ayant étudié sur leur propre sol tout le mécanisme de la constitution politique des Anglais si respectueux du passé et, tout à fois, si dévoués au progrès, il disait volontiers aussi qu'il avait parmi eux « sucé le lait des institutions libérales. »

Aimant également la France, berceau de ses aïeux ; ayant à Solférino versé son sang pour l'indépendance italienne, il a cru voir de son vivant celle de sa patrie, et de ce rêve, souffrance incessante et jouissance amère, il est mort dans un hôpital de Milan !...

Paix à ses cendres ; paix à ses orphelins grandissant au foyer de familles françaises qui ayant accueilli ces infortunés se doivent maintenant de les défendre en opposant la vérité à de nouvelles injures.

FAIT

—

I.

Né et solennellement baptisé en 1821 à Etschmiadzin, le lieu saint d'Arménie, pendant un pèlerinage accompli par ses parents (1); descendant par son père de Léon VI dernier roi d'Arménie, dont les cendres furent déposées dans les caveaux de Saint-Denis, et par sa mère d'Héraclius le grand, le prince Léon d'Arménie, prince de Koricosz, était en bas-âge et orphelin lorsque, en 1829, la Russie victorieuse s'annexa les domaines de sa famille liée par d'anciens traités à la Perse vaincue.

Ses tuteurs, les princes de Van et d'Ezenka dévoués à son père, ainsi que le *Katholikos* Ephrem, patriarche suprême, qui désigna son gouverneur, n'épargnèrent rien pour le soin de son éducation.

Muni ainsi d'une instruction profonde et variée, familier avec les langues d'Europe et d'Asie, habile aux exercices du

(1) Le prince Joseph d'Arménie, prince de Koricosz, la princesse Hélène de Géorgie, etc.

corps (1), élevé dans le culte de la patrie, le prince Léon s'identifiant à ses malheurs, à ses regrets et à ses espérances, fut de très-bonne heure apte à la servir et put se croire destiné à la diriger.

Ardent et sage à la fois, beau et brave, amour, orgueil, espoir de ses nationaux, il n'hésita pas en 1839 à prendre, dès l'âge de dix-huit ans, la défense du patriarche Nersès, qui devint plus tard patriarche suprême, et qui alors archevêque de Tiflis était banni par l'empereur Nicolas.

Sa naissance et ses aptitudes, aussi bien que cette auréole de défenseur de l'Église d'Orient ainsi acquise au jeune prince parmi des populations profondément religieuses, le désignant assez à l'animadversion de l'empire, ses propriétés privées passèrent à titre temporaire entre les mains de favoris personnellement intéressés dès lors à le perdre entièrement.

Cependant, il faut dire pour être juste envers l'empereur Nicolas qui avait antérieurement cherché à s'attacher Léon d'Arménie en le nommant colonel honoraire de la garde à Tsarkœ-Selo, que « l'ordre suprême » de bannissement ne fut obtenu que sept ans après : le prince ayant, du reste, employé la majeure partie de ce temps à voyager pour son instruction. Quoique irrités et de longue main lassés de ses franches, éloquentes et trop justes plaintes, ses ennemis n'obtinrent, en effet, cet ordre d'exil qu'en 1846, après que le suffrage des populations d'Erivan, révélant ainsi des aspirations nationales persévérantes, l'eût acclamé sous le nom de Léon VII.

Ce fut de sa part une grande faute, certes, que de se

(1) Il a pu ainsi sortir à son avantage de nombreux duels.

trouver alors sur le territoire russe et à la merci non seulement d'un pouvoir ombrageux, mais encore d'ennemis empressés à saisir une telle occasion d'en finir avec lui. Cependant sa présence à ce moment même eût dû, peut être, plaider en sa faveur en montrant la spontanéité d'un mouvement qui s'était pour ainsi dire produit à son insu.

Quoiqu'il en soit, « l'ordre suprême » de quitter sur le champ le territoire de l'empire fut notifié par le gouverneur général militaire de Saint-Pétersbourg (1) au prince Léon qui, le 27 septembre 1846, dût s'embarquer à Cronstadt pour l'Angleterre.

Si disposé qu'on soit à admettre que le gouvernement russe usait du droit souverain en le bannissant, puisque sa personne semblait sinon un danger pour l'empire, du moins un obstacle aux vues et aux plans de l'Etat du côté de l'Arménie où de nouvelles annexions devaient succéder à celles dont gémissaient des populations désarmées ; sans contester même que ses ennemis eussent pu le supprimer

______

(1)   « Saint-Pétersbourg, 24 septembre 1846.
     « Prince,

« J'ai l'honneur de vous informer que j'ai porté à la connaissance de l'Empereur votre observation que la somme de mille francs par mois vous serait insuffisante pour vivre à l'étranger, et notamment à Londres, en dédommagement de vos biens saisis par ordre suprême.

« S. M. l'Empereur m'a ordonné de vous instruire que la somme de douze mille francs par an a été destinée pour votre pension laquelle vous sera payée par le ministre de l'Empereur, résidant dans la capitale que vous habiterez.

« S. M. l'Empereur part demain pour Moscou, et toute correspondance ultérieure à cet effet serait inutile.

« Vous devez partir sans délai, le 27 courant ; l'ordre est transmis à l'Amiral pour que cet ordre soit exécuté à la lettre.

« Recevez, mon Prince, l'assurance de ma considération distinguée.

    « Le Gouverneur général militaire de Saint-Pétersbourg. »

             (Suit la signature.)

dans l'ombre, — ce qui peut être eût été moins cruel que de faire, plus tard, courir le bruit de sa mort (1) et de taxer d'imposture sa propre existence, — on ne saurait croire que l'ordre de dépouiller entièrement l'infortuné prince Léon de ses valeurs mobilières et de retourner jusqu'à ses poches ait été donné par l'empereur Nicolas.

Ce fut cependant au nom du czar, et en accompagnant cette violence d'une promesse de pension que le prince Léon fut dévalisé, détroussé jusqu'aux ongles.

En lui enlevant douze mille livres sterling, (trois cent mille francs) et ses joyaux héréditaires évalués à un million de roubles argent (ce qui représentait une valeur d'environ quatre millions de francs), on daigna, il est vrai, lui abandonner cent ducats et lui laisser les effets qu'il avait sur le corps. Périr alors eût été préférable, mais cette opération fut un raffinement de... générosité, car le malheureux prince, élégant et fier, habitué à toutes les recherches de la vie, n'en devait que souffrir davantage.

II.

En Angleterre, il allait, toutefois trouver quelques ressources particulières provenant de dépôts faits en temps

---

(1) **M. de Kisseleff**, ministre de Russie à Rome, qui n'était pas un méchant homme, et que le patriarche arménien avait sollicité (Voir le *Mémorandum* aux pièces justificatives) a dit un jour au cardinal Antonelli : « La Russie considère le prince d'Arménie comme mort, et tant qu'il sera dans le tombeau, je ne puis rien pour le pauvre prince, mais l'empereur Alexandre saurait lui rendre justice. »

opportun, mais là encore une pénible épreuve l'attendait un jour. Plus tard, en effet, lorsque la haute société anglaise, à laquelle il donnait les heures qui n'étaient pas consacrées à l'étude, eût pu apprécier sa valeur personnelle et sympathiser avec son patriotisme, le dépositaire de ses fonds, — obéissant soit à une malhonnêteté naturelle soit à des suggestions étrangères,—*sauva la caisse* en passant en Amérique.

Bien que le prince Léon eût rencontré alors de généreux secours parmi ses compatriotes, il passa sur le continent où la vie était en ce temps moins coûteuse qu'en Angleterre, et étudia d'abord en France les institutions républicaines de 1848.

De Paris, où son portrait lithographié alors (1) a été conservé, il alla, parlant toutes les langues, plaider la cause de sa patrie en diverses capitales et s'arrêta de préférence à Turin, où la maison de Savoie (2) — fidèle à la Liberté, fille du Ciel — entretenait le feu sacré du droit et de l'indépendance de l'Italie.

Or, comme en 1855 il était à Turin, il y rencontra un personnage russe qui, de bonne foi ou non, lui suggéra l'idée d'un nouveau voyage à Berlin. Là, lui disait-on, il trouverait désormais un appui sûr auprès des parents du

(1) Lithographie Bertaut, rue Cadet, 11.

(2) On sait que Jacques III, le dernier roi de Chypre qui en 1471 épousa Catherine Cornaro, fille du doge de Venise et mourut sans héritier direct, en 1475, avait marié sa sœur Charlotte de Lusignan à Louis de Savoie; depuis quoi les princes de Savoie, s'autorisant de cette union, s'intitulèrent partout et toujours, jusqu'à ces derniers temps, rois de Chypre et de Jérusalem, bien que dès 1489 la veuve de Jacques III eut cédé à la Sérénissime République l'île de Chypre dont le sultan Sélim devint à son tour le maître en 1571.

czar. D'après ce conseil, l'infortuné alla donc à Berlin où, naturellement, il informa de sa présence et la cour et M. de Manteuffel ministre des affaires étrangères.

III.

Soit qu'il y eût des ordres le concernant à la légation russe où l'on sut qu'à son arrivée à Berlin il avait eu une entrevue avec Lord Bloomfield ambassadeur d'Angleterre, soit que l'on craignit à cette légation quelque projet du côté de l'Arménie, on tenta de porter le dernier coup à un malheureux.

Un complot de la police alors livrée au pur arbitraire fit le jeu, et sur la fin d'octobre, à la veille de son départ, le prince Léon fut arrêté d'après l'ordre d'un certain S... agent principal de ce M. de H..., président de la police, qui l'année suivante fut tué en duel.

Le Dr Pétermann, savant orientaliste à l'Université de Berlin, qui, de longue date, avait connu le prince chez un ancien ambassadeur turc, (1) s'empressa aussitôt avisé de cette violatiou du droit des gens d'en informer le ministre des affaires étrangères.

M. de Manteuffel déclara ne rien comprendre à cette arrestation et promit de la faire immédiatement cesser.

(1) Chefket Bey.

Mais la mise en liberté ne vint que cent jours après (1) et, même, grâce à S. A. R. le prince héréditaire de Prusse (2) qui mit fin à cette nouvelle intrigue plus tard flétrie par l'autorité judiciaire de Berlin (3).

Encore l'indigne policier S... fit-il conduire nuitamment à la frontière sa malheureuse victime qui demandait des

(1) Lorsque le docteur Pétermann voulut, indigné, se faire entendre ailleurs, le policier S... qui jouait impudemment son rôle et, en répétant sa leçon, annonçait hautement que le prince n'était qu'un faussaire et un escroc, imposa silence au pauvre savant menacé d'être, s'il ne se taisait, incarcéré lui-même.

(2) L'empereur actuel, S. M. Guillaume, connaissait le prince Léon et lui voulait du bien; mais ses bonnes dispositions restèrent paralysées par l'effet des intrigues dont cet infortuné fut constamment victime.

(3) Aidé d'un subalterne et de ses agents, l'infâme S. . (exclu de ses fonctions, par la suite, ainsi que le procureur du roi N..., son complice en cette occasion comme en d'autres) fouilla jusqu'à la peau le malheureux prince d'Arménie qui lui cracha au visage en lui criant en allemand : « Qui te rend si audacieux de prononcer un mandat d'arrêt contre un sang royal?... va, misérable, tu n'es pas mon juge! »
Mais la cassette du prince contenant avec ses papiers, des décorations et des bagues de prix, deux paires de boutons en diamant, une paire d'éperons d'or et une somme en thalers de Prusse, n'en fut pas moins forcée et soustraite par le susdit S... qui s'empara également de tout l'argent trouvé sur sa victime. On arracha ainsi au malheureux Léon jusqu'à une petite croix d'or bénite par Grégoire XVI et qu'avaient respectée pourtant, eux-mêmes, les auteurs de la spoliation accomplie en 1846.
Il est presque superflu d'ajouter qu'aucune des choses comprises en ce nouveau pillage ne fut restituée lorsqu'après les cent jours de détention le pauvre *prince d'Arménie*, contre lequel on ne put, naturellement, trouver le moindre chef d'accusation, fut nuitamment reconduit à la frontière ; c'est ce qui a fait dire à des *princes arméniens* dans un écrit publié à l'époque, afin de protester contre cet attentat et contre les calomnies dont la police de Berlin et ses complices eurent soin d'emplir en même temps la presse : « Que si chaque Gouvernement se mettait à dépouiller ainsi le prince d'Arménie, la peau seule, qui heureusement lui tenait au corps, allait lui rester. »
Protestant également, certains grands d'Arménie s'exprimaient ainsi :

juges et réclamait les objets de valeur qu'on lui avait dérobés en l'arrêtant (1).

Aux justes plaintes du prince et de ses amis, le ministre des affaires étrangères répondit d'abord : « erreur involontaire, *errare humanum est;* » puis M. de Manteulfel finit par objecter ceci : « *rêverie pure*, il n'y a jamais eu d'arrestation. »

C'était, il est vrai, donner raison au proverbe affirmant que : « tout mauvais cas est niable, » mais non pas à l'honneur, ou même à l'équité la plus vulgaire.

Ayant séjourné quelque temps à Francfort (2), alors ville

« .... Par malheur nous étions tous en Orient, lorsque le prince Léon fut maltraité à Berlin. Mais depuis tant de mois que Léon d'Arménie a sur les bras tous les journaux allemands et russes, est-ce qu'il a perdu un pouce de ses droits, un souffle de l'amour de ses compatriotes? — Non. Il n'est pas de sentiment qui fasse vibrer plus fortement le cœur des Arméniens que le souvenir de leur prince légitime. Il n'y a qu'un nom connu de millions d'Arméniens et qui, même dans les chaumières les plus reculées, soit la légende des parents et l'alphabet des enfants, c'est celui du prince Léon d'Arménie. Par les rares vertus de son esprit et de son cœur, ce prince, dont tout le monde a pleuré l'exil, était l'ornement de notre patrie.

« L'Arménie libre et indépendante fut l'unique rêve de sa jeunesse, et c'est encore aujourd'hui son vœu le plus cher.

« Dans son pays, il n'est pas nécessaire de réhabiliter le prince, mais les journaux prussiens sont répandus, et nous ne voulons pas laisser accréditer par notre silence, les erreurs qu'un scélérat impudent a voulu propager. »

Voir aux pièces justificatives l'incluse n° 2.

(1) Voir la note qui précède; et, aux pièces justificatives, l'incluse n° 4, après celle n° 2 indiquée à ladite note précédente.

(2) D'où il adressa aux grands d'Arménie la communication suivante :

« Messieurs mes Cousins,

« Nous renvoyons toute cette affaire à vos seigneuries afin qu'il soit fait un jugement proportionné à toutes les insultes commises par la Prusse contre la nation arménienne et la religion de nos ancêtres.

« Quant aux offenses commises contre notre personne, nous les regardons avec mépris..... »

libre, afin de répondre aux violentes calomnies dont la presse fut emplie alors par les soins de ses vils ennemis, le prince Léon retourna en Piémont après avoir inutilement provoqué, à Paris, des gens qui s'y étaient fait l'écho des outrages prusso-russes, et il s'avisa heureusement en rentrant à Turin, où cette affaire avait eu aussi du retentissement, d'y faire constater, par acte notarié, son identité certifiée par d'honorables habitants (1) avec lesquels il avait eu des relations antérieures en Russie et en Angleterre.

Quoi qu'il fut bien connu à Turin, cette inspiration fut heureuse en effet, car elle a produit un document authentique et certain, comme une voix d'outre-tombe venant révéler à son tour l'infamie des spoliateurs-accusateurs et déjouer leurs calculs.

IV

Cependant l'insuccès, d'une part, des tentatives qu'il avait faites entre temps pour obtenir en Russie justice du czar (2), d'autre part la sympathie que ses malheurs

(1) MM. Michel Cito, marquis de Torrecuso, prince Della Rocca, et Joseph Silvano, attaché militaire.

(2) Ses requêtes se perdaient soit dans les cartons, soit dans les avenues de la cour, ou bien lui étaient *renvoyées à ses frais :* voir aux pièces justificatives, les incluses n°ˢ 1, 5, 7, 9. A sa dernière démarche, alors qu'il était à bout et réclamait plutôt pour ses enfants que pour lui-même, on répondit cette fois, et de plus en plus généreusement, par une lettre d'injures !.. au « Lion d'Arménie » succombant, *le coup de pied de l'âne.*

avaient rencontrée parmi ses nationaux du rite romain, notamment chez les prélats Arméniens assistants au trône pontifical ; le zèle mis par ceux-ci à plaider sa cause auprès de l'autorité russe (1), comme à y intéresser le Saint-Siége même ; les combats du doute et de la foi dans une âme profondément religieuse ; la pensée d'être plus utile peut être à sa patrie par un retour à la source de l'ancienne indépendance nationale en rétablissant dans sa personne, selon son droit, la tige royale des Lusignan dont il était en Arménie le dernier rejeton ; et peut-être aussi le désir et l'espoir de trouver enfin avec le port spirituel une fortune meilleure, jetèrent à Rome, en 1858, le prince Léon dans les bras de l'Eglise Apostolique. Il était d'ailleurs trop droit, trop éclairé pour ne sentir pas que ce nom royal et catholique de Lusignan relevé par lui, prince Léon d'Arménie, et confirmé par la congrégation du Saint-Office lorsqu'il fut admis, le 8 avril 1858, dans le giron apostolique (2), ne pouvait être porté de nouveau hors du drapeau de la foi sous lequel s'étaient illustrés ses aïeux.

V

Mais si Mgr Ed. Hurmuz, archevêque de Sirace, patriarche Arménien, résidant à Rome, avait obtenu du pieux

(1) Voir aux pièces justificatives l'incluse n° 5, mémorandum de l'archevêque de Sirace, patriarche Arménien à Rome.

(2) Voir aux pièces justificatives l'incluse n° 6.

Léon dont il était le directeur spirituel, que jamais il ne revendiquât ses droits en Arménie les armes à la main (1), ce prince ne s'en trouvait pas moins libre, en 1859, de payer l'hospitalité du Piémont en mettant son épée au service de l'indépendance italienne et il n'hésita pas.

Du reste, en ayant l'honneur de faire la campagne de 1859 dans les rangs de l'armée française (2) et à l'état-major impérial comme officier aux tirailleurs indigènes, il ne pouvait prévoir que le Saint-Siége serait victime de cette guerre. Il y voyait surtout les dangers et l'honneur partagés avec de nobles compagnons d'armes et, dans ses patriotiques aspirations, comme un acheminement à l'indépendance de sa propre nation.

Aussi la conclusion inopinée de la paix lui fut-elle plus sensible que la blessure qu'il avait reçue à Solférino.

VI

Après avoir espéré que cette guerre donnerait lieu à un remaniement plus étendu que celui de la carte d'Italie, il tombait ainsi, une fois encore, du haut de son rêve de restauration nationale dont il avait pu, à la hâte il est vrai, entretenir l'empereur Napoléon III.

(1) Voir aux pièces justificatives l'incluse n° 10.

(2) Voir aux pièces justificatives l'incluse n 15, document IV, muni cipalité de Milan, n°ˢ 7869-823.

En indiquant au souverain dont le pouvoir était alors l'arbitre du monde les dangers que, plus ou moins tôt mais fatalement, feraient courir à la chrétienté d'Orient d'abord, puis à la paix européenne, le fanatisme des uns en Turquie, et le panslavisme des autres en Russie, à côté des menaçantes caresses d'une tierce puissance, il avait moins en vue ses intérêts personnels que ceux de l'humanité. C'étaient plutôt les vues et l'inspiration d'un homme d'Etat bercé et versé dans la question d'Orient, que le langage d'un prétendant.

Il eût mieux valu, certes, pour la France, au lieu de cette coûteuse, tragique et stérile entreprise du Mexique dont le germe devait sortir d'une intrigue financière, qu'elle remontât à ses traditions séculaires vers l'Orient où le commerce du monde allait bientôt chercher ses voies, et que sans coup férir, par le seul ascendant de sa diplomatie, elle attâchât la sanction des Puissances diverses à la reconnaissance de l'indépendance nationale des populations libres du Taurus.

La grande autonomie arménienne dont la vitalité, la capacité politique s'affirment, avec l'intelligente et industrieuse activité de la race, par tant d'individualités saillantes, eût ainsi trouvé, sans nuire aux intérêts bien compris de la Porte ottomane, les bases d'une reconstitution certaine. Et de proche en proche rayonnant de ses montagnes, forteresses naturelles, vers la mer Noire au Nord, le golfe Persique à l'Est et la Méditerranée à l'Ouest, elle eût joint la civilisation au commerce en Orient et dressé la barrière voulue contre les empiètements de la Russie qui rêve l'empire du monde, l'asservissement intellectuel de l'humanité à sa prétendue orthodoxie, et a failli récemment régner à Cons^tantinople.

Le monde livré dans ses intérêts moraux, ses besoins de commerce, au panslavisme et à un czar (1)-pontife-prophète et presque *dieu!... Di talem avertite casum!*

VII.

Cependant lorsque les cruels agissements de certains pachas — qu'avait si bien prévus Léon d'Arménie — eurent inondé le sol de la Syrie du sang des chrétiens égorgés en masse, et que de nouveaux massacres partiels eurent été commis en Cilicie, par d'autres fanatiques (peut-être encore excités par des intrigues russes tendant alors à prendre une revanche morale de Sébastopol détruit, — la seule possible à cette époque, — en faisant paraître la puissance ottomane comme un foyer d'incurable barbarie), le prince au nom de ses nationaux s'adressa directement aux cabinets européens. Sa remarquable circulaire, en date du 2 mars 1862, qui sollicitait la reconnaissance officielle de l'antique indépendance des Arméniens du Taurus en Cilicie, commençait ainsi en posant très-bien la question (2) :

(1) Nous répétons qu'il ne s'agit pas ici d'incriminer S. M. l'empereur Alexandre dont la générosité personnelle est suffisamment connue.

(2) Voir aux pièces justificatives l'incluse n° 11 pour la suite de cette circulaire à laquelle furent joints les détails complémentaires suivants : « Zeithun, la capitale du peuple Arménien libre et indépendant du

« M. le Ministre, depuis 487 ans le peuple arménien libre et indépendant du Zeithun, de Ghidée, Hadcin et Labranda se refuse énergiquement à reconnaître toute domination étrangère, et par conséquent à faire acte de soumission à aucune puissance

« Toujours quelque héroïque victime est tombée l'épée à la main sur l'autel de la liberté et de l'indépendance. Les bases de nos montagnes sont toutes empreintes du sang de nos héros, et c'est à ce prix que les habitants ont maintenu inviolé jusqu'à présent le trésor sacré de leur liberté.

Taurus, est située entre les 37° et 38° en latitude et les 34° et 35° en longitude. Ouvert au Sud seulement par un étroit défilé, le district de Zeithun est protégé par les montagnes. Divisé en trois préfectures il compte 3 villes, Alabasch à l'entrée, Mukhal, et Zeithun au centre, 7 bourgades et de nombreuses fermes. Les 3 villes et 3 des 7 bourgades (Cekerdere, Jezindinek et Topal Ogle) sont habitées par les Arméniens ; les 4 autres bourgades (Denuk, Sarriguenzel, Kertmen et Bescen), le sont par des Turcomans qui ne différant de ceux-ci que par la religion et qui parlant la même langue (Arménien vulgaire), font partie du même gouvernement. Jouissant des mêmes droits, ils sont fiers de leur condition de citoyens arméniens indépendants et s'en vantent beaucoup. Chaque ville a son préfet, et chaque bourgade son commandant national, Arménien chez les chrétiens, Musulman chez les Turcomans. En temps de guerre chaque citoyen est soldat. Marchant sous un même drapeau, Arméniens et Turcomans concourrent avec une ardeur égale à la défense du territoire menacé trop souvent soit par le pacha de Marasch, soit par des brigands Yuruks alliés de ce pacha qui leur fournit des munitions de guerre.

Lorsque Mehemet-Ali eut en 1835-36, conquis sur les turcs la Syrie et la province d'Adana, il voulut réduire pareillement à l'obéissance les Arméniens indépendants. A cet effet Ibrahim-Pacha envoya contre eux un régiment d'Albanais avec ordre d'envahir leur territoire et d'en prendre possession. Mais parvenue à l'entrée du débouché des cantons indépendants, l'armée égyptienne fut aussitôt arrêtée par la chute d'énormes blocs de rochers et dût se retirer en abandonnant son artillerie et nombre de morts. Quels qu'aient été les efforts d'Ibrahim Pacha pour surmonter l'héroïque défense des Arméniens et Turcomans indépendants, il n'y put réussir. Ceux-ci furent débarrassés des Egyptiens en octobre 1840, d'après les stipulations du congrès de Londres.

« Les Souverains de l'Europe à l'époque des croisades, firent appel à la nation arménienne, afin qu'elle secourut eurs entreprises militaires..... l'Europe ne devrait pas oublier les services rendus à la chrétienté par le peuple arménien.

« Nos montagnards, tout en ayant conservé jusqu'à présent leur indépendance, ne sont encore ni protégés ni reconnus des puissances européennes, et afin de se maintenir en leur antique domaine, il leur faut incessamment en venir aux mains avec divers ennemis.

« Si le peuple arménien libre et indépendant est ainsi laissé à la merci de la barbarie, jamais ne pourra cesser la lutte sanglante qu'il va soutenant depuis plus de quatre siècles... »

Malheureusement, avoir « des yeux pour ne point voir et des oreilles pour ne pas entendre » peut arriver, parait-il, aux plus honnêtes ministres. Ceux de l'époque ne furent point exempts de cette infirmité.

VIII.

En s'adressant ensuite spécialement aux secrétaires d'Etat pour les affaires étrangères en Angleterre et en France (1) après la victoire remportée le 14 août 1862 par

(1) Voir aux pièces justificatives les incluses nos 12 et 13.

les Arméniens du Taurus sur les troupes du pacha de Marasch qui, à la tête d'un corps de *douze mille hommes*, se vit tailler en pièces à S. Salvator alors qu'il se flattait d'exterminer les chrétiens de la contrée, le prince Léon se heurta encore non pas à l'indifférence d'hommes de bonne compagnie, mais aux tergiversations d'une diplomatie un peu lasse peut être des choses de l'Orient, tandis qu'au contraire il eût fallu redoubler d'énergie afin d'empêcher la Turquie de faire ainsi le jeu des Russes. On le voit en effet toujours le même ce jeu qui, d'après un télégramme récent (1), vient encore de se renouveler si à propos pour l'armée russe afin de lui permettre, sous prétexte de sévices contre la population chrétienne, de reprendre position sur des points évacués d'abord conformément au traité de Berlin.

Du reste, les efforts du prince d'Arménie furent surtout paralysés par l'effet de l'engouement sénile de lord Palmerston pour les plus méchants côtés de la politique turque ; (2) engouement plus fatal peut-être à la Porte que

(1) Voir le *Times* du 10 octobre dernier, et les faits actuels.

(2) Peut-être comptait-il, par ce moyen machiavélique, faire échoir à son pays plutôt qu'à la Russie la succession de « l'homme malade. » Les événements actuels, suffisamment instructifs, donneraient à le croire. Puisse le résultat de la politique suivie de part et d'autre ne pas être une prochaine conflagration européenne tandis que l'Orient se trouverait de nouveau livré aux horreurs de tout genre.

En se substituant à Chypre et en Asie mineure au « *Lion d'Arménie* », le « *Lion Britannique* » s'est peut-être créé dans l'Inde maints périls. De nos jours, la politique honnête, sans être dupe, seule peut produire des fruits durables. A tort, on a raillé le ministre qui, circonspect et droit, a imaginé la politique des « mains nettes » C'est, en effet, pour la France moderne le meilleur moyen de reprendre son ancien ascendant : *gesta Dei per Francos*. Voyez, du reste, Shire-Ali, émir des Afghans, mettant déjà en parallèle dans sa « lettre au Sultan » la « bonne foi russe » et la « fourberie anglaise. »

les convoitises moscovites, car il empécha son gouvernement de croire à la gravité de ses fautes cruelles, de voir que chacun des égorgements ordonnés par les pachas ignorants et fanatiques du vieux parti turc, favorisait la thèse russe en ramenant l'opinion publique vers les tendances pour un temps abattues en Crimée, et enfin de comprendre qu'il était urgent pour la conservation de l'empire ottoman non pas d'emprunter à l'Europe des sommes fabuleuses, après avoir obtenu le sang des armées alliées, mais de sortir des « mille et une nuits » et d'occuper dignement sa place au plein jour de la civilisation : il faut, toutefois, rendre cette justice à l'éminent homme d'Etat de la Turquie moderne Midhat-Pacha, dont l'habileté et le noble caractère ont été récompensés par l'exil, qu'il a tout fait pour relever son pays (1).

Léon, à qui Lamartine, si versé dans les choses de l'Orient disait dans une de ses lettres, en date du 14 octobre 1862 : « Je professe une grande admiration, j'éprouve une vive sympathie pour votre grand peuple, » avait pu cependant expliquer à Napoléon III les causes de la sympathie de l'illustre écrivain pour ce peuple qui ayant perdu sa grandeur d'autrefois avait su pourtant garder et sa langue originelle partout répandue en Asie et sa littérature.

Il lui avait montré l'Arménie occupant de l'Ouest à l'Est un parcours de trois cents lieues; allant de la mer Caspienne aux plus larges rives de l'Euphrate; comptant deux cent cinquante lieues du Caucase aux limites méridionales du Diarbekir et n'ayant d'autre idióme que l'arménien quoi-

(1) Lire une des excellentes œuvres (vécues et pratiques) de M . L. Léouzon Le Duc : « Midhat-Pacha » — 1 volume in 8°, Paris, Dentu, 1877.

que foulée par les Turcs, les Persans (1) et les Russes (2).

Mais tant de soins incessants et de sacrifices dans le passé, tant d'efforts généreux et même une occasion si propice devaient, hélas! rester infructueux. Un avertissement donné à la Turquie dans le *Moniteur universel* du 24 janvier 1863 fut tout ce qu'obtint la cause arménienne.

IX.

Quand l'empereur Napoléon III, frappé néanmoins des qualités, de l'énergie, de la capacité du prince Léon d'Arménie, qui s'était révélé comme patriote, soldat, diplomate et savant, et dont l'extrême distinction, la dignité sereine, gardées à travers tant de vicissitudes, attestaient et la grandeur de son origine et la valeur de sa race illustre; quand l'empereur, donc, désireux d'être utile à ce noble et intéressant proscrit s'entretint de lui avec certains russes, ceux-ci trop habiles pour produire alors la pitoyable légende du « Juif à la fois Javanais, Polonais, Allemand, etc. » inventée pour le bon public, s'y prirent autrement. Connaissant l'aversion de Napoléon III à l'endroit de la maison d'Or-

(1) Qui, craignant pour eux-mêmes, deviennent à présent russophiles.

(2) Dont certains généraux, natifs d'Arménie et entrés au service de l'oppresseur, sont venus au début de la dernière guerre turco-russe jurer, avec une pompe théâtrale, dans la cathédrale d'Etschmiadzin « la libération de l'Arménie », c'est-à-dire son asservissement complet à la Russie.

léans, ils surent faire entendre qu'il y avait en politique analogie complète entre la situation de cette maison par rapport à la France impériale et celle du prince Léon d'Arménie par rapport à la Russie ; « l'un vaut bien l'autre » fut-il dit à l'empereur. A quoi Léon répondit, quand ce mot lui fut rapporté : « qu'il ferait volontiers, lui complétement dépouillé et sans autre moyen d'existence que les secours volontaires de ses compatriotes, l'échange de son sort avec celui des princes d'Orléans à qui, du moins, l'on n'avait volé ni leurs diamants ni leurs derniers deniers. » Voici, du reste comment, sans passion, mais en toute occasion, il s'exprimait au sujet de ce méfait : « Je comprends la confiscation de mes biens territoriaux. C'est une précaution usitée chez l'envahisseur pour assurer son pouvoir et diminuer l'influence de son adversaire dans le pays. Mais s'emparer de ce genre de biens et priver un homme de tout moyen d'existence en lui dérobant tout son avoir mobilier sont deux choses : la Russie m'a fait subir l'une et l'autre. Je comprends même aussi les persécutions, les vexations que m'ont procurées ma naissance, ma cause religieuse et la concession temporaire à des généraux, à des fonctionnaires, de la portion de mes biens qui n'a pas été donnée à d'autres à titre définitif, ou réunie au domaine de l'Etat ; mais que dire de l'escamotage de la pension promise, du guet-apens de Berlin et des spadassins qu'on m'a dépêchés afin de se défaire de moi après avoir répandu le bruit de ma mort !... J'ai dû soutenir dix duels où j'aurais succombé si je n'avais pas su manier les armes, et Dieu a permis que j'échappe au poignard d'un assassin qui m'a seulement blessé..... Ce n'est pas au czar, que j'impute ces faits, mais il en est responsable car c'est en son nom qu'on m'a volé, torturé, outragé. »

Lorsque, plus tard, la maladie et la détresse furent venues avec l'âge au foyer d'un *autre Bélisaire*, comme a dit un généreux journal italien en parlant du prince Léon d'Arménie, les coupeurs de bourse exploitant ce « moment psychologique » lui proposèrent, il est vrai, une misérable somme de cent mille francs, pour qu'il oubliât sa patrie, ses amis, ses droits, ses malheurs, son idéal et ses vœux. Un seul mot : « non ! » fut sa réponse à cette suprême injure (1).

X

Sauf quelques rentrées en scène, quelques tentatives discrétement faites, quand l'occasion le permit, au cours des années écoulées depuis 1862 et 1863, le rôle politique et militant du prince Léon d'Arménie perdit à partir de ladite époque de son importance et de son retentissement. Se confiant surtout à la Providence pour sa patrie après la déception éprouvée alors, il prit son parti d'attendre et se résigna noblement à mourir sur la terre étrangère, pauvre, délaissé, calomnié.

Mais parmi les témoignages de dévouement, les entrainements d'espérance d'une restauration nationale qui, en 1862, furent à la hauteur de ses vœux, de ses efforts et de son propre espoir, il en est un qu'en ce récit, quelque rapide qu'il soit, nous ne saurions passer sous silence.

(1) Ce mot a été retrouvé inscrit sur un fragment de papier contenant cette méprisable proposition.

Un vieillard, ancien Religieux au lieu saint d'Arménie et que l'élite lettrée de Paris a connu pour sa science profonde et son beau caractère, écrivait en résumé ceci au prince Léon : « Vous savez, Altesse, que rien ne m'est étranger de ce qui touche à nos Arméniens ; j'en ai vu passer des millions, du temps que je résidais à Etschmiadzin, (1) et j'ai été en rapport avec beaucoup d'entre eux. Presque tous me connaissent aussi. Parvenu à la fin de ma carrière, je ne demande rien que l'honneur de vous suivre en portant d'une main votre bannière, et de l'autre la croix. La gloire de mourir pour l'indépendance de notre chère nation me suffira. »

Un peuple opprimé chez lequel on savait ainsi croire, sentir, agir, souffrir, n'était-il pas digne de recouvrer, là où c'était possible encore, son antique nationalité !

N'eût-ce pas été comme l'avant garde, vraiment, de notre civilisation dans ces profondeurs de l'Orient où la Providence, de nouveau, semble vouloir appeler l'Occident ?...

XI.

Moins heureux que Daniel Manin, le grand patriote italien mort aussi dans l'exil mais dont les cendres, satisfaites, ont pu sur une voie triomphale et aux acclamations publiques revenir, au foyer natal, dans la patrie enfin délivrée de l'étranger, le prince Léon d'Arménie-Koricosz-

(1) Le digne « Vertabed » avait dû aussi quitter sa patrie, chassé par l'oppresseur.

Lusignan, dont la fortune a jusqu'au bout trahi la valeur, est passé, en 1876, d'un foyer où la vertu seule brillait, au lit de « l'hôpital majeur » dans lequel, aussitôt, s'est à Milan, terminée sa carrière.

A ses orphelins (1) qui, peu après, perdaient encore leur

(1) Six enfants issus de son union avec la signora Ant-Ange L... d'une ancienne famille lombarde ruinée par la faillite d'un banquier. Douée d'une grande beauté, la signora L... fit constamment preuve d'un dévouement plus remarquable encore. Le caractère du prince Léon était tel qu'il n'eut jamais pu, dépouillé et pauvre, se résoudre à faire un mariage où même l'inclination eut rencontré la fortune. Son mot fréquent « acquérez beaucoup d'honneur plutôt que beaucoup d'argent, » l'a fait passer pour moins malheureux aux yeux de ceux qui ne pouvaient comprendre et ses sentiments et l'ironie du mot à l'endroit de ses spoliateurs. Cette union fut contractée au titre purement religieux après la guerre de 1859. Espérant toujours un changement favorable dans sa situation, le prince Léon évita des formalités d'état civil peu en rapport avec les droits qu'il tenait de sa naissance et qu'il comptait faire partager à sa compagne en rentrant en Arménie où leur union eut été solennisée dans la forme nationale. Plus tard, la maladie et la mort le saisirent au moment où, à bout de lutte et d'espoir, il songeait à se soumettre comme simple particulier aux formalités usuelles de l'état-civil. En tout cas, ses enfants nommés et inscrits comme tels par ses propres soins, à leur naissance, ont été également inscrits et nommés tous en son testament dûment enregistré à Milan ; ce qui, d'après la loi italienne conforme à la loi française, met hors de conteste leur filiation et leurs droits,—établis, au surplus, par un acte de notoriété dressé à la requête de la tutelle à Milan. Cette tutelle, composé de M. l'abbé Claudio Borri, ancien professeur universitaire — un prêtre selon le cœur de Dieu, — et de M. le chevalier Angelo Zanaboni, un des combattants de l'indépendance lombarde, tuteur et subrogé-tuteur, ayant pour conseil, à titre également charitable, M. le docteur en droit Luigi Marinoni, notaire, — des comtes Marinoni,— fut constituée en 1876 sous la présidence du Préteur.

Pour l'établissement dudit acte de notoriété, en date du 29 novembre 1877, quatre témoins parfaitement désintéressés (un prêtre, un professeur, un commissaire de police, un fournisseur qui avait servi le prince et sa famille pendant 14 ans) ont affirmé, sous serment, devant la Préture, ce qui était bien connu de tous les contemporains touchant l'état civil de ces orphelins et la vie conjugale de leurs parents, attendu qu'il

vaillante mère également emportée par l'infortune et la douleur, il n'a laissé avec un nom illustre que le souvenir de la vertu accablée par le triomphe du Mal.

Bien qu'en son testament le prince Léon semble avoir pardonné à la famille impériale de Russie tous les faits

importait d'en perpétuer pour l'avenir la constatation et la déclaration dans une forme authentique, à raison des calomnies effrontées sans cesse répandues par les ennemis du prince, même après sa mort. On pourra juger de la valeur morale de ceux-ci par le fait suivant. Lorsque la ville de Milan et la tutelle organisée par ses soins se furent entendues avec les familles françaises qui accueillaient les orphelins de Léon d'Arménie (MM. T. de M..., professeur de l'Université, — le commandant D..., major au 40ᵉ de ligne, — et le comte de G. B.), ces familles reçurent une lettre-circulaire d'un agent diplomatique dont, par égard pour ses chefs, nous tairons ici la nationalité : circulaire par laquelle tout en louant hypocritement les intentions manifestées en faveur de ces enfants, on faisait savoir que le prince Léon, leur père, « n'était rien autre qu'un juif tzigane ayant vécu avec une blanchisseuse ; que sa fille aînée, issue d'une autre femme, avait elle-même révélé ces particularités; que ce juif avait trompé le public à l'aide de faux papiers, mais que l'autorité russe avait fini par le démasquer et lui écrire une lettre sévère en l'appelant simplement M. Koricosz, et que d'ailleurs il avait été antérieurement emprisonné à Berlin et chassé de Prusse, etc. » Enfin, un *potin* complet de *portière* surexcitée. Le digne et charitable dom Claudio à qui les familles intéressées adressèrent copie de ce factum y répondit en envoyant :

1ᵉ L'acte de naissance de la fille aînée établissant qu'elle était née des mêmes père et mère que ses frères et sœurs;

2º La déclaration de cette jeune personne protestant de son respect pour la mémoire de ses parents qu'elle n'avait jamais ni reniés ni injuriés ;

3ᵉ Une lettre adressée à la mère, en date du 22 mai 1876, par un consul général et dont voici la traduction :

Madame,

Revenu aujourd'hui d'un voyage en ...., j'ai trouvé m'attendant ici la lettre que vous avez bien voulu m'adresser en date du 24 avril ainsi que l'énoncé des dispositions testamentaires du prince de Lusignan.

En vous priant d'excuser mon retard, je m'empresse maintenant de

dont elle doit garder la responsabilité devant Dieu, — près de qui sont égaux le faible et le fort, — ses enfants, dont deux ont succombé aussi, mais sur lesquels il reste trois fils, grandiront avec un ressentiment profond que, certes, leur tutelle ne tentera pas d'atténuer.

. . . .

Déplaisante à certains, comme au crime et à l'oiseau de nuit déplait le jour, la vérité — autre clarté céleste — plait aux âmes honnêtes.

Telle est en dépit des calomnies intéressées, la vérité sur

vous exprimer une sincère condoléance à raison de la triste nouvelle que vous me donnez du décès de l'excellent prince.

J'ai lu avec grande attention le document duquel il résulte que le prince a exprimé le désir que je fusse son exécuteur testamentaire.

Quelque honoré que je me trouve de cette marque de distinction, je dois cependant vous faire connaître, madame, que je suis obligé de m'abstenir d'une telle charge. D'abord parce que les règlements du poste que j'occupe me le défendent absolument ; en second lieu, parce que pour réaliser la volonté testamentaire du prince, il y aurait pour moi nécessité d'accomplir maints voyages et de surmonter maintes difficultés, tandis que d'autre part je ne puis, de ma propre autorité, m'éloigner du poste où m'attachent mes fonctions.

Je ne doute pas que vous sachiez, madame, apprécier l'importance de ces motifs qui m'empêchent de me charger de la mission dont le défunt prince m'a honoré et je saisis cette occasion de vous adresser l'expression de mes sentiments respectueux.

(Suit la signature du consul général).

Loin de produire l'effet attendu, l'odieuse lettre-circulaire dont il s'agit n'ayant provoqué en France qu'un juste mépris pour son origine, les implacables ennemis de Léon d'Arménie crurent atteindre par un autre et non moins vil moyen, leur but qui était d'éloigner des orphelins de leur victime une protection inattendue : on fit donc circuler dans les journaux d'Europe la nouvelle du prétendu mariage de la même fille aînée avec un manœuvre tailleur de pierres. Or, jusqu'à présent cette orpheline qui était alors entièrement à ses études, comme encore maintenant, n'a épousé quiconque. Mais l'étourdissante annonce de ce prétendu mariage partout répétée par les feuilles de province a, malgré la rectification produite en divers journaux, si bien fait son chemin que Mme la comtesse de G..., née de M..., parente d'un des desti -

le prince Léon d'Arménie-Lusignan que partout et toujours, en Orient comme en Occident, on a vu semblable à lui-même et, par l'assemblage des plus rares vertus, digne de sa race, de son nom, de ses droits et de son peuple.

Paix donc et respect à ses cendres exilées, isolées, désolées sur la terre étrangère, et justice à sa mémoire !... Paix, respect et justice pour ses pauvres orphelins !...

Res sacra miser.

nataires de la lettre-circulaire en question, crut devoir prévenir celui-ci d'un fait de nature à modifier les dispositions par lui prises à l'égard des frères de la prétendue mariée.

Les honnêtes gens qui, Dieu merci, forment en France la majorité dans tous les rangs apprécieront ces manœuvres auxquelles il convient encore d'ajouter ceci :

En 1876, lorsque les orphelins du prince Léon eurent aussi perdu leur mère, un journal répandu imprimait « que le défunt n'était autre qu'un juif de *Java* ayant fait des dupes à Londres et escroqué de l'argent au prince Louis Bonaparte alors en exil, etc., » et tout récemment un journal sérieux, dont la bonne foi fut surprise, imprimait à son tour « que ce soi-disant Lusignan d'Arménie était un juif *Polonais* entré dans la peau d'un mort et chassé de Prusse où il avait été sur le point de faire un mariage princier, etc. »

Mais, *juif Allemand* d'après l'indigne policier S... de Berlin, stylé par certains Russes ; *juif de Java* suivant ceux-là ; *juif Tzigane* au dire de ceux ci ; *juif Polonais* selon d'autres : c'est par trop *panaché*. Il faudrait pourtant qu'on se mît un peu d'accord sur cette *juiverie*, car, si *errant* qu'on l'ait forcé d'être, le pauvre prince exilé et dépouillé n'a pu vraiment, tel vaillant qu'il fut, à lui seul et à la fois occuper tant de peaux « juives. »

En réalité cet infortuné que des personnes dignes de foi ont connu toujours le même en Arménie, en Turquie, en Russie, en Angleterre, en France, en Allemagne, en Italie, est mort tel qu'un chrétien antique, et, chose remarquable aussi, providentielle peut-être, les traits de ses enfants ont une grande ressemblance avec ceux que représente l'image de Léon VI, roi d'Arménie, leur grand aïeul de la branche impériale et royale de Lusignan.

PIÈCES JUSTIFICATIVES

PIÈCES JUSTIFICATIVES.

—

N° 1 (1)

Paris, 26 mai 1850.

*A Sa Majesté Impériale Nicolas Ier, empereur
de toutes les Russies.*

Sire,

En 1846, l'aide de camp général de C..., gouverneur général militaire de Saint-Pétersbourg, m'intima l'ordre suprême de quitter sur-le-champ le territoire de l'empire russe.

Tous mes effets de valeur, ainsi que les diamants, héritage de mes ancêtres, évalués à un million de roubles, et tout mon argent, 12,000 livres sterling en fonds anglais, ou 300,000 francs, m'ont été enlevés, et on ne m'a laissé que les habits que j'avais sur moi.

De tout l'argent qu'on m'a saisi, on ne m'a compté que cent ducats, laquelle somme n'était pas même la valeur d'un des diamants de mon diadême.

Et promesse m'a été faite que Votre Majesté m'accordera, à titre de dédommagement, une pension de mille francs par mois, pour vivre à l'étranger d'une manière convenable, ce que j'aurais pu faire, si j'avais eu en ma possession tous les effets de valeur qui m'ont été saisis.

Malgré cette promesse, que je considérais d'autant plus sacrée qu'elle a été faite au nom de Votre Majesté, je n'ai reçu, depuis cette époque, que la somme de 1,000 francs, laquelle me fut payée par le consul général de Russie à Londres, M. de Krehmer.

---

(1) En cette partie, comme à la précédente, certains noms ne seront pas imprimés bien qu'ils figurent chacun en son lieu et place.

Dans cet état de choses, j'ai recours à la magnanimité et à la justice de Votre Majesté avec prière, si l'on ne juge pas à propos de me laisser vivre dans le pays dont Dieu m'a fait l'héritier ou de me rendre les effets de valeur ci-dessus rappelés, au moins de m'accorder, comme prince du sang, une pension digne du rang que l'Europe me connaît.

Je m'en rapporte entièrement à la générosité et à la justice de Votre Majesté Impériale et prie Dieu de vouloir l'inspirer en ma faveur.

J'ai l'honneur, etc. (1).

Signé : prince D'ARMÉNIE.

N° 2 (1).

N° 331 du journal L'INDÉPENDANCE BELGE, *lundi 26 novembre 1860.*

—

NOUVELLES D'ALLEMAGNE

(Correspondance particulière de *L'indépendance belge*).

Berlin, 24 novembre.

Il n'est question que des révélations que le procureur du roi supérieur, M. Schwarck, a faites à l'audience de la cour d'appel de Berlin (Kammergericht) du 20, dans le procès intenté au directeur de la police S..., mis en disponibilité.

M. Schwarck a déclaré qu'à son entrée en fonctions en 1853 la loi de février 1850 sur la liberté individuelle était une lettre morte. Il s'efforça d'en obtenir l'application en demandant que lorsque la police devait opérer une arrestation, l'affaire fût examinée dans le délai légal, non-seulement par le juge d'instruction, mais par le ministère public, et que les autres prescriptions de de la loi fussent observées.

Des conférences eurent lieu, à cet effet, entre la police, le tri-

(1) Voir à l'incluse n° 7 — un vrai monument — ce qu'il advenait des réclamations du malheureux prince Léon.

(2) Même observation qu'à la note (1) accompagnant l'incluse n° 1, pour les noms supprimés.

bunal de Berlin et le parquet, elles n'aboutirent à rien de sérieux. Dans le cours des discussions, S... dit que la loi de février de 1850 (l'*habeas corpus* prussien) était une loi fort bête, qu'elle ne saurait être observée, que le délai de vingt-quatre heures fixé pour la comparution du prévenu devant le juge était beaucoup trop restreint et qu'il fallait pour ce motif mettre de côté toute la loi. C'est ce que l'on fit à peu près toujours.

La loi portant que l'arrestation préventive par la police ne devait avoir lieu, sauf le cas de flagrant délit, que si des soupçons graves désignaient comme coupable une personne déterminée, ou bien si le prévenu était fortement soupçonné de vouloir prendre la fuite, voici le moyen ingénieux employé par la police pour éluder la loi. La police, dans son rapport, ajoutait ces mots : Un tel... doit être expulsé. Dès lors on prétendait que le prévenu, pour se dérober aux poursuites de la police et à l'ordre d'expulsion imaginé ad hoc, allait sans doute se sauver, et l'on maintenait l'arrestation malgré la loi !..

Un grand nombre de personnes furent arrêtées, tenues en prison pendant des semaines et des mois entiers, puis relâchées sans avoir été entendues par les juges compétents.

La cour d'appel a fait constater que depuis juillet 1855 jusqu'en février 1856, par conséquent pendant huit mois, il y eut 387 infractions à la loi sur la liberté individuelle.

L'ancien président de la police, M. de H... étant mort (il fut tué en duel le 10 mars 1856), son successeur, le préfet de police actuel, M. de Z..., promit de porter remède à cet état de choses.

Le procureur général du roi a cité de nombreux faits pour prouver que la loi a été néanmoins violée au su et avec le consentement de M. Z...; « on vit bientôt qu'il y avait eu un changement de personnes et non de système. » *Voici un exemple, entre beaucoup d'autres, de la manière dont la loi était observée à Berlin.*

Le prince Léon d'Arménie, qui par son titre un peu aventureux avait attiré l'attention de la police, fut un beau jour arrêté et enfermé dans une maison pénitentiaire.

Les journaux publièrent une réclame sur l'habileté de l'arrestation opérée par la police d'un escroc de la pire espèce, réclame qui n'était qu'un tissu d'inventions.

Il s'agit de découvrir après coup l'escroquerie ; à cet effet on mit tout en œuvre, on envoya des agents, soldés sur les fonds secrets, à Londres, à Bruxelles et à Paris, où la personne arrêtée avait précédemment séjourné, mais on ne découvrit rien. On s'avisa ensuite de faire poursuivre le prince Léon pour s'être donné un faux nom et de faux titres.

Le ministère public s'y refusa (1). Enfin il fallut se résigner. Après cent jours d'emprisonnement et de mauvais traitements, le malheureux fut transporté pendant la nuit à la frontière et chassé du territoire prussien (2). Les journaux qui avaient publié des récits pompeux sur l'habileté de la police jugèrent prudent de garder le silence. Le procureur du roi N... (mis en disponibilité il y a quelque temps), loin de s'opposer à un excès commis par le directeur de la police S..., y aida, au contraire, de son mieux. Il saisit à la poste la correspondance du prévenu et la livra à la police.

M. le procureur du roi supérieur Schwarck, après avoir raconté ces faits et d'autres d'une nature également exorbitante dans un langage concis et énergique a rappelé les efforts que lui, le procureur général, avait faits pour combattre ce système de police arbitraire et illégal, les démarches qu'il avait tentées en vain auprès des différentes autorités.

M. Schwarck a abordé ensuite le principal chef d'accusation du procès pendant, c'est-à-dire l'usage de la police de Berlin de s'entremettre dans des affaires civiles litigieuses entre les parties, pour les obliger soit de satisfaire le créancier, soit de renoncer à la créance en employant à cet effet des menaces, des arrestations préventives et d'autres moyens illicites. La police, par un abus de pouvoir inouï dans des pays de légalité se substituait fréquemment ainsi à l'autorité judiciaire! L'espace nous manque pour résumer même une partie de ces faits. Ils seraient réputés incroyables à l'étranger, surtout en Belgique, et

(1) M. N..., procureur du roi, qui avait, comme on le voit, fait le coup de concert avec l'indigne policier S..., pour le compte des Russes ennemis du prince Léon, et qui fut, comme S..., révoqué p'us tard, dut bien se garder, certes, d'autoriser alors la mise en jugement du prisonnier sous n'importe quel prétexte. C'eut été, en effet, 1° un triomphe pour le prince d'Arménie, qui eut ainsi pu faire entendre ses témoins; 2° une constatation éclatante de ses preuves, et 3° un stigmate ineffaçable pour les Russes coupables de ces accumulations de scélératesse. Il y aurait eu *des juges à Berlin*...

(2) Ne pas oublier, d'ailleurs, que rien de ce que lui avait dérobé le policier S..., comme il a été dit note (3) page 15, ne lui fut restitué.

c'est pourtant un officier public d'un rang élevé qui, pièces en mains, vient de les révéler devant la Cour d'appel de Berlin.

M. Schwarck a dit en terminant, que les auteurs de ces excès et de ces abus de pouvoir savaient parfaitement qu'ils violaient la loi, mais ils croyaient pouvoir le faire impunément.

« Le règne de la police était à cette époque, dit M. Schwarck, dans toute sa force.

« Le Gouvernement n'eût osé se permettre aucune poursuite judiciaire contre un employé de la police, car il aurait ébranlé la foi dans l'infaillibilité et l'omnipotence de la police qui était la base de son système Le ministère public n'était pas une autorité judiciaire indépendante, mais l'organe du Gouvernement.

« Mais s'ils ont compté qu'il en serait toujours ainsi, ils se sont trompés et ils doivent supporter les conséquences de leur erreur. En l'année 1858 (avènement de la Régence), *le règne de la police* fut abandonné. Le nouveau gouvernement inscrivit dans son programme *le règne de la légalité* et depuis lors l'impunité qui avait été accordée de fait aux employés de la police a cessé d'exister. »

Le discours du procureur général, M. Schwarck, a produit sur l'auditoire, une sensation immense. Lorsqu'il a rappelé les arrestations préventives illégales pour des motifs politiques qui avaient fait tenir en prison les prévenus, pendant des semaines entières, sans qu'ils fussent traduits devant le juge compétent, *un vieillard* placé dans l'auditoire s'écria : « Moi, herr S..., vous m'avez retenu pendant deux mois !... »

Il y eût d'autres incidents dramatiques que le défaut d'espace me force de passer sous silence. M. le procureur général Schwarck en son nom, et au nom du ministère de la justice, a infligé un démenti énergique à l'assertion de S..., que les arrestations arbitraires de la police, pendant les années précédentes, avaient eu lieu avec le consentement du procureur général et du ministre de la justice.

L'effet du discours de M. le procureur général Schwarck dans la ville de Berlin et dans le pays a été considérable, et le souvenir ne s'en effacera pas de sitôt (1).

(1) Il serait difficile aux ennemis du prince Léon d'établir que le Gouvernement et la justice à Berlin, aussi bien que le journal belge, ont été mus par le besoin ou le désir de plaire à un proscrit tant de fois dépouillé, n'ayant plus que « la cape et l'épée. »

N° 3

Acte de dépôt de Documents fait par Monsieur le prince LÉON D'ARMÉNIE, prince de Koricosz, en date du 3 Juin 1856, aux minutes de M. Francesco Borgarello, notaire à Turin (1).

L'an du Seigneur, mil huit cent cinquante-six, le trois de Juin vers les neuf heures du soir à Turin, et en mon étude au second étage, rue San Filippo, n° 21, — pardevant moi Francesco Borgarello, notaire à la résidence de Turin, et en présence de Messieurs Francesco Bonzanisgo et F. derico Mosso, tous deux nés et domiciliés à Turin, témoins requis, connus, aptes et assistants, et avec les comparants également connus, avec moi soussignés :

A comparu en personne, Monsieur le prince Léon d'Arménie, prince de Koricosz, fils de feu le prince Joseph d'Arménie, prince de Koricosz, né à Etschmiadzin, et présentement résidant à Turin, à moi déclaré pour tel par Messieurs Michele Cito, marquis de Torrecuso, prince Della Rocca, fils de feu le marquis Carlo, né à Naples, et Giuseppe Silvano, secrétaire de 1ʳᵉ classe au ministère de la guerre, fils de feu Giuseppe, né à Casale Montferrat, tous deux domiciliés à Turin, lesquels connaissent le prince Léon d'Arménie, savoir, Monsieur le prince Della Rocca pour l'avoir connu il y a quelques années à Londres, et M. Joseph Silvano pour l'avoir personnellement connu à Saint-Pétersbourg (Russie) en l'année mil huit cent quarante-six.

Ledit prince Léon d'Arménie a déposé alors pour être retenus en mes minutes.

1° Une enveloppe de lettre portant cette adresse :

« Monsieur,
« Monsieur le prince de Koriscosz.
« N° 8649... »

et au-dessous, une ligne écrite en caractères russes, à ce qu'il est dit; au dos de ce pli est une empreinte en cire d'Espagne rouge à l'intérieur de laquelle figure un Aigle à deux têtes avec serres, et deux lignes d'inscription inintelligibles au dessous : cette enveloppe de papier munie d'un timbre à cinquante centimes;

(1) Traduction de l'italien en français.

2° Une feuille de papier à lettre pliée et insérée dans la dite enveloppe avec ces mots imprimés disant : « Secrétairerie d'Etat pour les affaires étrangères » et contenant la déclaration de naissance du prince Léon d'Arménie écrite dans la contenance de deux pages et signée, à la fin, Nesselrode : ledi papier également muni d'un timbre de cinquante centimes;

Demandant de lui délivrer témoignage public de ce dépôt.

Et requis, moi notaire, j'ai reçu le présent dépôt, puis lu et prononcé l'acte à haute, claire et intelligible voix à tous les comparants en présence des témoins lesquels ont tous signé avec moi, et aussi pour l'enregistrement suivant le tarif.

Signé à l'original : Léon, prince d'Arménie, — Della Rocca — Giuseppe Silvano — Francesco Bonzanisgo témoin, Federico Mosso, témoin.

Le tout écrit de ma propre main, sur deux pages outre la présente en une feuille contenant les insertions d'une enveloppe carrée et d'un certificat de naissance sus décrits, en foi et manuelement : Francesco Borgarello, notaire.

(Au bas de la page en copie. *Signé* : Borgarello.)

Insertion 1re

Enveloppe avec suscription disant :

Monsieur,
Monsieur le prince de Koricosz.

N° 8649...

Une ligne écrite en caractères russes.

Insertion 2e (1)

Secrétairerie d'Etat pour les affaires étrangères.

Copie de l'extrait de baptême du prince Léon d'Arménie, prince de Koricosz.

Nous, Ter Ephrem, serviteur de Jésus-Christ, et par sa grâce, Katholikos de tous les Arméniens et patriarche suprème de l'Eglise apostolique de Jésus-Christ, qui est aussi l'Eglise mère du Saint-Siége, occupant la cathédrale d'Etschmiadzin, déclarons par la présente à toutes les puissances étrangères à notre nation ainsi qu'à tous les Chrétiens, que le prince Léon d'Arménie, prince de Koricosz est né à Etschmiadzin, le 18 Août 1821.

____

(1) Cette pièce écrite en français est rapportée de même dans l'acte notarié.

Les parents sont : le prince Joseph d'Arménie, prince de Koricosz, et la princesse Hélène de Georgie, princesse de Bagration.

Notre auguste maître le prince Léon d'Arménie, prince de Koricosz, descendant de Léon VI, roi d'Arménie et de Marie de Hongrie de la famille du roi Louis ; issu des Lusignan de la princesse Pinna, fille de Léon VI, et du prince Schahan d'Arménie (1), prince de Koricosz, fut baptisé le 23 Septembre 1821 par nous, Katholikos de tous les Arméniens en présence de nos archevêques dans l'Eglise arménienne.

Le parrain fut : prince Constantin de Géorgie, prince de Bagration.

Cet acte d'origine est donné à notre auguste maître comme une preuve incontestable de ses droits.

Le Katholikos de tous les Arméniens.

Signé : EPHREM.

Estchmiadzin, le 23 Septembre 1821.

Pour copie conforme,

Saint-Pétersbourg.

Signé : NESSELRODE.

Le 11 Juin 1856, enregistré à Turin l'acte suivant; n° 5103. — 1856, 3 Juin.

Acte de dépôt de documents fait par M. le prince Léon d'Arménie, prince de Koricosz. Droit fixe, trois francs, exactement, livres trois. (Art. 88 du tarif.)

Le Directeur d'enregistrement.
Signé : GAYS.

Pour copie conforme à la minute faite de la main de Federico Mosso, en foi de quoi.

Turin, 16 Juin 1856.

Signé : FRANCESCO BORGARELLO.

Reçu vingt francs pour droits tous compris.

Turin, 19 Juin 1856.

Signé : BORGARELLO.

Vu pour la législation de la signature du notaire royal, M. Francesco Borgarello.

Turin, le 11 Octobre 1856.

Signé : BARALIS, archiviste caméral.

---

(1) Le prince Schahan était issu de la maison princière de Lusignan-Roupénian (Dynastie Roubénienne),

Vu à la Royale secrétairerie d'Etat pour les affaires étrangères,
pour légalisation de la signature de M. l'Archiviste caméral.
Turin, 11 Octobre 1856.

Signé : G. Gattinara.

Nº 221.   Prix : 1 fr. 50.

Ici le sceau (encre bleue) du ministére
des affaires étrangères.

Nº 56

Vu à la royale légation sarde.

Bon pour la légalisation de la signature de M. Gattinara.

Signé : Chevalier, A. Franceschetti.

Ici le sceau (encre bleue) de la légation.

Vu pour la légalisation de la signature de M. Antonio Franceschetti, Chancelier de la royale légation de Sardaigne en Toscane.
Florence, au ministère des affaires étrangères, le 21 Aout 1857.

Pour le Ministre des légalisations

Signé : G. Chelli, chargé.

Gratis.

Ici le sceau (encre noire), du grand-duché
de Toscane, Affaires étrangères.

Nº 4 (1).

*Protestation adressée à M. de Manteuffel par S. E.
Mgr l'Archevêque primat d'Alznie, contre l'arrestation illégale du prince d'Arménie à Berlin.*

Ter Paul, serviteur de Jésus-Christ, et par sa Grâce arche-
vêque-primat d'Alznie, à M. de Manteuffel, ministre des affaires
étrangères à Berlin, en Prusse.

C'est, Monsieur, sous l'impression de la profonde indignation
produite par l'inqualifiable conduite de votre Gouvernement

(1) Même observation qu'à la note accompagnant l'incluse nº 1, pour
les noms supprimés.

envers le prince Léon d'Arménie que Nous élevons aujourd'hui la voix pour réclamer la révocation de l'agent S... qui a été soudoyé par les ennemis politiques du prince pour violer illégalement la liberté de son Altesse.

La conscience publique, révoltée par les infâmes procédés qui ont été exercés contre la personne du prince d'Arménie s'apprête à en infliger la honte au ministère prussien tout entier, en cas que satisfaction éclatante n'ait pas lieu. L'impunité de cet individu serait l'aveu qu'on l'a choisi pour complice; que le ministère de votre pays choisisse entre cette confession tacite et la juste réparation qu'on lui demande.

Quant à Nous, nous n'hésitons pas à vous prévenir que tant qu'on n'aura pas fait droit à cette réclamation, et que vous n'aurez pas fait rétracter dans les journaux de Berlin, subventionnés par le pouvoir et patronnés par la police, toutes les odieuses calomnies qu'on y a publiées par le passé, Nous vous poursuivrons sans relâche de nos plus énergiques instances.

Maintenant, reste à savoir, Monsieur le Ministre, puisque le Gouvernement prussien n'a pas voulu prendre la responsabilité de cette arrestation illégale, s'il veut faire restituer au Prince tous ses papiers, son argent et ses effets de valeur, que le dit individu S... a confisqués par un prétendu ordre de la légation russe à Berlin.

Nous vous prions de faire la réponse à notre protestation à Monseigneur l'archevêque de Sirace, représentant spirituel de la Nation arménienne près le Saint-Siége.

Signé : † PAUL, archevêque d'Alznie,

Fait au Palais épiscopal, le 4 décembre 1857.

———

N• 5 (1).

MEMORANDUM de Mgr l'archevêque de Sirace, à S. E. M. de Kisseleff, ministre de Russie à Rome.

Edouard Hurmuz, par la miséricorde divine et la Grâce du Saint-Siége apostolique, archevêque de Sirace, représentant spirituel de la nation arménienne près le Saint-Siége, et assistant

(1) Même observation qu'à la note accompagnant l'incluse n° 1, pour les noms supprimés.

au trône pontifical, a l'honneur d'informer S. E. M. de Kisseleff, ministre plénipotentiaire de S. M. l'empereur de Russie près de la cour de Rome, que la population arménienne fidèle à ses vieux souvenirs, se rappelle que Léon VI, roi d'Arménie, dans ses démêlés avec les vainqueurs d'Arménie, recourut à l'en. tremise du pouvoir pontifical. Cette population croit devoir réclamer aujourd'hui pour le descendant du dit roi, le prince Léon d'Arménie, prince de Koricosz, la même faveur près le Saint-Siège dans ses démêlés avec l'empereur de Russie.

Toutes les pièces justificatives et officielles constatant le droit et le rang du prince du sang d'Arménie existent, ce qui fait présumer à l'archevêque que S. E. M. de Kisseleff voudra bien s'intéresser à cette affaire dont le succès doit mettre un terme à la position précaire du prince, et aussi dans le but d'éviter toute publication d'une nature affligeante pour la Russie.

En sa qualité de Pontife, l'archevêque a donc jugé à propos de se charger de cette démarche, tout à la fois suppliante et conciliante, auprès de S. E. M. l'ambassadeur de Russie, en faveur du prince de la maison ci-devant régnante d'Arménie. L'archevêque ne manquera point d'exprimer sa profonde reconnaissance à S. E. M. l'ambassadeur aussitôt qu'il aura bien voulu transmettre au Czar les vœux de la nation arménienne, et Dieu veuille que l'empereur fasse justice au prince d'Arménie.

Votre Excellence ne saurait ignorer que les biens territoriaux du prince à l'époque de la réunion de la province Arménienne à la Russie, après la guerre de 1829, sont passés à la couronne impériale et qu'en 1846, alors que le Gouverneur général de Saint-Pétersbourg, M. de C..., eut l'ordre formel de l'exiler, on s'empara de tous ses diamants d'une grande valeur, héritage de ses ancêtres, et de tout son argent, consistant en fonds anglais, la somme de douze mille livres sterling, ou trois cent mille francs, capital qui jusqu'à ce jour ne lui a point encore été restitué.

Sur cet argent saisi à son détriment le général aide-de-camp, M. de C..., ne lui a remis que cent ducats, avec promesse cependant de la part de l'empereur d'une pension de mille francs par mois, en dédommagement de tous ses biens confisqués et pour l'aider à vivre à l'étranger; mais un seul mois de cette pension, c'est-à-dire mille francs, lui fut payée en 1847 par le consul général de Russie à Londres.

Depuis cette époque on s'est borné à lui promettre tantôt la restitution de ses biens, tantôt le paiement de sa pension, promesse qui a été renouvelée par S. E. le prince Alexis Orloff à

S. A. R. le prince héréditaire de Prusse, aujourd'hui prince régent, qui s'intéressait au sort du prince d'Arménie, mais...

Quand S. M. l'impératrice mère vint à Nice, le prince Léon, se trouvant en Piémont, saisit l'occasion de la présence de S. M. I. dans ce pays pour lui remettre la pétition ci-jointe.

Pour toute réponse, on lui remontra qu'il devait s'adresser directement à l'empereur son fils et que l'impératrice appuierait la demande. Quelque généreux que fut ce conseil, le prince a préféré faire un appel à la nation arménienne dont l'archevêque de Sirace se fait aujourd'hui l'organe.

Le jeune prince est connu personnellement de S. E. monsieur de Kisseleff, car en 1845, alors qu'il était ministre de Russie à Paris, il lui avait transmis par écrit la volonté de feu l'empereur Nicolas.

L'archevêque rappellera donc au bon souvenir de monsieur l'ambassadeur de Russie, qu'à cette époque le prince était dans un état d'opulence et que sa ruine ne date que du jour où on le chassa de Russie !

Une partie de l'argent qu'on a saisi chez lui servait à l'entretien de prêtres de sa religion ; comment l'empereur de Russie, qui se proclame le chef de son Eglise, protecteur de l'Eglise chrétienne d'Orient, peut-il laisser un prince de la maison de Lusignan-Roupénian entièrement privé des consolations du culte de ses pères, et cela depuis dix ans....

On a vu les princes indiens détrônés et chassés par l'Angleterre, mais cette nation leur a laissé de quoi vivre, de quoi entretenir un prêtre de leur religion et pourtant il s'agissait de mahométans ; tandis que le prince Léon d'Arménie est chrétien, un descendant des rois qui firent autrefois partie des croisades. Eh bien ! en s'emparant de son pays, de ses Etats, de ses biens, de son argent, la Russie ne lui a pas laissé une obole ; et, de plus, afin de lui porter le dernier coup, elle a cru devoir s'en prendre à ce qu'il y a de plus sacré, à son honneur (1)... Eh quoi, après un acte qui plonge dans le deuil l'âme des fidèles, prétendrait-on que ses coreligionnaires n'élevassent pas la voix pour proclamer hautement leurs griefs en s'écriant tous ensemble, au nom de l'éternelle justice, qui ordonne de ne pas faire à autrui ce que nous ne voudrions pas qu'on nous fît : Nous protestons !

Sans approfondir davantage des détails plus affligeants les uns que les autres, l'archevêque préfère s'en rapporter au bon et noble cœur de S. E. monsieur de Kisseleff, et prie Dieu de lui

(1) Allusion au guet-apens de Berlin.

inspirer assez de zèle et d'intérêt pour le prince, qu'il détermine le czar à améliorer la situation actuelle de Son Altesse.

Toute incrimination ultérieure tentée contre l'unique héritier du trône d'Arménie, par le moyen de mensonges et d'accusations imaginaires, sera énergiquement repoussée par l'archevêque représentant de la nation arménienne près le Saint-Siége et assistant au trône pontifical, lequel se fera un devoir de constater, pièces en main, le rang qui appartient au prince du sang.

Ses démarches consistent à demander de quoi vivre.

L'archevêque ne doit pas oublier d'ajouter que le prince Gortchakoff, ministre actuel des affaires étrangères à Saint-Pétersbourg (1), connaît personnellement le prince Léon d'Arménie, aussi s'intéressa-t-il à son sort lorsqu'il fut ministre à Stuttgardt; mais ses démarches furent repoussées par les ennemis personnels du jeune prince, c'est-à-dire par feu le prince Z..., ministre de... et son complice feu M. D.-A. (2). Cependant, ce dernier,

(1) Tout puissant, ce Ministre eut pu et même eut dû faire justice au prince Léon. Quelle responsabilité, encore, devant Dieu, le Père des orphelins...

(2) Celui-ci était d'origine arménienne et prince breveté par un *katholikos*, son parent, qui éleva sa propre famille au rang princier.

Le même nom est, du reste, connu de beaucoup de monde, comme celui d'une maîtresse de..., ce qui expliquerait bien des choses quand même le prince, rentré dans le giron de l'Eglise Apostolique à Rome, le 8 avril 1858, en relevant en sa personne, selon son droit, la tige royale de Lusignan dont il était le dernier rejeton arménien, ne se serait pas créé des ennemis ardents parmi les schismatiques tandis qu'il en avait suffisamment déjà parmi les fonctionnaires russes à qui partie de ses biens, réunis au domaine de l'Etat, avait été donnée temporairement avant qu'il fût dépouillé de toutes ses valeurs mobilières (300,000 francs argent, et joyaux valant plus de 4 millions) vers la fin de 1846, lorsque les populations arméniennes l'eurent acclamé sous le nom de Léon VII. On l'a fait emprisonner à Berlin (où l'on n'a pu trouver un seul chef d'accusation), puis on l'a fait passer pour mort afin de pouvoir le taxer d'imposture comme vivant. Il a dû soutenir de nombreux duels, et une fois il a été blessé par le poignard d'un assassin. On a fait faire d'ignobles démarches pour empêcher trois familles françaises d'accueillir ses orphelins. On a fait tourmenter sa fille aînée dans la pension où d'abord elle avait été placée par la tutelle; et enfin à raison au mépris qu'avaient, comme seul résultat, recueilli ces infamies, on a, par vengeance, fait insérer dans nombre de journaux d'Europe que cette jeune personne, encore toute à ses études actuellement, venait d'épouser un manœuvre maçon !...

avant de mourir, avoua toutes les injustices qu'il avait exercées contre le prince Léon d'Arménie et lui fit demander pardon, ce qui a été su de tout le monde.

L'archevêque ne croit pas devoir insister davantage, car il ne serait pas généreux de frapper sur des cadavres, aussi tient-il à ce que tout cela demeure enseveli dans un éternel oubli.

À l'époque de son couronnement, l'empereur Alexandre a marqué son avénement par des traits de haute clémence envers ceux qui avaient conspiré contre l'empire et qui pourront même recouvrer leur ancienne fortune.

Le prince Léon d'Arménie ne se reconnaît d'autre tort que celui d'être prince légitime.

Puisse le czar répandre aussi ses bienfaits sur ce jeune prince! C'est l'unique prière que les Arméniens se permettent d'adresser à S. M. I. par l'entremise de Votre Excellence.

Pour éviter tout éclat et tout retentissement, l'archevêque a conseillé au prince d'attendre à Rome, où il se trouve en ce moment, la réponse de S. M. l'empereur Alexandre,

En unissant sa prière à celle de ses compatriotes, l'archevêque de Sirace se flatte du doux espoir de pouvoir bientôt promulguer dans toutes les Arménies la magnanimité du Czar, et saisit cette occasion d'offrir, à S. E. M. de Kisseleff, la nouvelle expression de ses sentiments de haute considération (1).

Fait au palais épiscopal Arménien, 95, via Capo le Case.

Rome, le 18 janvier 1858.

N° 6.

Diplôme du Saint-Office, à Rome, 8 avril 1858.

Cunctis ubique pateat evidenter, et notum sit qualiter; die *octava Aprilis, anno millesimo octingentesimo-quinquagesimo-octavo, Leo princeps Armeniæ Lusignanus filius prin-*

(1) C'est après la remise de ce mémorandum que le bon M. de Kisseleff disait au cardinal Antonelli : « Que voulez-vous! Léon d'Arménie passe en Russie, à la cour, pour mort; et tant que le pauvre prince Léon sera au tombeau, je ne puis rien pour lui... mais l'empereur Alexandre pourrait le ressusciter. »

cipis Josephi, hortus in Armenia (1) ætatis suæ annorum prout
dixit : comparuit personaliter sponte in Officio Sanctæ Romanæ,
et Universalis Inquisitionis, et juridice exposuit, se tenuisse, et
credidisse errores, et hæreses sectæ *schismaticorum* in qui-
bus natus, atque educatus fuerat, ac petiit absolvi, et in gremium
S. M. E. recipi et admitti. Quocirca die *octava Aprilis* anni 1858
supradictus *Leo princeps Lusignanus* in executionem Decreti
Sac. Congregationis S. Officii abjuravit juridice hæreses, et
errores dictæ Sectæ *schismaticorum* una cum omnibus, et
quibuscumque aliis erroribus, et hæresibus quomodolibet
Sanctæ Catholicæ, et Apostolicæ Romanæ Ecclesiæ contrariis,
successive fuit *per N. P. D. Eduardum Hurmuz archiepum-
Siracen* (2); *Delegatum a Nmo P. Magistro de Ferrari Ords.
Prædicat.* Commissario dictæ Sanctæ Inquisitionis, absolutus in
forma Ecclesiæ consueta a sententia excomunicationis propterea
per eum incursa, et S. M. E. reconciliatus, injunctis ei pæniten-
tiis salutaribus, ut in actis etc. In quorum fidem etc. Datum
Romæ ex Palatio S. Officii his die, et anno prædictis (3).

    Pro, etc., etc.

              Signé : Vincentius (*et le reste illisible*).

    Ici le sceau du St-Office   Reg. Litt. *L.*
aux armes de S.-S. le pape Pie IX.

(1) Léon prince d'Arménie-Lusignan, fils du prince Joseph, né en Arménie.

(2) Mgr Edouard Hurmuz, archevêque de Sirace.

(3) A la même époque, il fut fait don au prince Léon, d'un reliquaire
d'or contenant un morceau de la Vraie Croix, et d'un reliquaire d'argent
contenant un fragment d'os de Saint-Grégoire d'Arménie, comme en té-
moignent les lettres latines de donation.

Nº 7.

Lettre écrite par le Consul général de Russie, à Venise, au prince d'Arménie.

MINISTÈRE IMPÉRIAL
des
AFFAIRES ÉTRANGÈRES
—
CONSULAT GÉNÉRAL
de
RUSSIE
TRIESTE ET VENISE
—
Le 10/22 décembre 1858
nº 363

Mon prince,

D'ordre de la légation de Russie à Turin, je suis chargé de vous restituer le mémorandum et les deux requêtes au nom de S. M. l'Empereur, et de S. A. I. Mgr le grand duc Constantin, et vous déclarer que pareilles demandes ne seront jamais acceptées.

Je vous prie, mon prince, de vouloir bien acquitter les frais de poste que j'ai payés en florins trois et douze creutzers pour la réception de ce paquet et les faire compter au porteur.

Veuillez agréer, l'assurance de ma considération très-distinguée.

Signé : Comte CASSINI.

A Monsieur le prince d'Arménie, chez
Mgr l'archevêque de Syrace.

Nº 8.

Campagne d'Italie.

Pour la campagne d'Italie, en 1859, à laquelle prit part le prince Léon d'Arménie-Lusignan, voir à l'incluse nº 15, le document IV, certificat de la municipalité de Milan (Lombardie), ville où, après la guerre, il établit sa résidence.

N° 9.

Lettre à S. M. I. l'Empereur Alexandre.

Venise, 2 septembre 1861.

Sire,

S. M. l'empereur Nicolas, votre auguste père, m'avait alloué la somme de douze mille francs par an, en dédommagement de mes biens saisis par ordre suprême, comme me l'annonce la lettre de l'aide de camp général de C..., gouverneur-général militaire de Saint-Pétersbourg, en date du 24 septembre 1846.

Je suis sorti de la Russie comme l'ordre m'en avait été intimé pour le 27 du même mois. Je me suis rendu à Londres et, depuis ce temps, c'est-à-dire depuis bientôt quinze ans, je n'ai reçu de cette pension annuelle qu'une seule fois la somme de mille francs qui me fut payée par M. de K..., consul général de Russie dans cette capitale.

Je n'ai pas manqué, comme il était tout naturel, de réclamer contre cet oubli ou ce mauvais vouloir des agents chargés de remplir les volontés de Sa Majesté, et notamment le 26 mai 1850, je lui ai adressé une lettre pour l'informer de ce qui m'arrivait. A d'autres époques j'ai eu recours, pour le même objet, à S. M. l'impératrice, votre auguste mère, pendant son séjour à Nice ; plus tard, en octobre 1858, à Votre Majesté elle-même.

Je suis obligé de croire que des personnes intéressées ou mal intentionnées ont empêché mes réclamations d'arriver sous les yeux des augustes personnages auxquels elles étaient adressées ainsi que sous les yeux de Votre Majesté, car la justice et la générosité qui La distinguent n'auraient pas manqué d'y faire droit.

J'y ai donc recours encore une fois aujourd'hui et j'ai la ferme confiance qu'elle voudra bien ordonner une enquête qui fera connaître si des dispositions ont été prises pour l'exécution des ordres donnés par l'empereur Nicolas, votre auguste père, et qu'aucune communication, ni à moi ni aux agents de votre gouvernement à l'étranger, n'annonce avoir été révoqués par Votre Majesté.

Il s'agit d'un arriéré de près de quinze années qui formerait aujourd'hui une somme assez considérable, et l'état précaire auquel je me trouve réduit en serait un peu adouci et relevé.

J'ai l'honneur, etc.

Signé :

LÉON, prince d'Arménie.

N° 10.

Extrait d'une lettre de Mgr l'archevêque de Sirace au prince Léon.

Rome, 22 octobre 1861.

Très-cher fils en Jésus-Christ.

Hier j'ai reçu votre très-honorée du 14 courant, et j'y réponds par retour du courrier......

Je répète toujours que si vous désirez l'assistance de Dieu, vous devez faire le plus ferme propos de ne jamais vouloir revendiquer vos droits à prix du sang. L'épée de votre aïeul existe chez un mien parent dont voici l'adresse.....

J'attends avec impatience les documents imprimés qui sont également désirés par beaucoup de nos nationaux à.....

J'implore du Seigneur toutes les bénédictions pour vous et j'ai soin de me dire de votre excellence.

Le très-dévoué serviteur,

Signé : ED. HURMUZ, archev. de Sirace.

N° 11.

Circulaire du prince Léon aux Cabinets européens, en date du 2 mars 1862.

Monsieur le Ministre,

Depuis 487 ans le peuple arménien libre et indépendant du Zeithun, de Ghidée, Hadcin et Labranda se refuse énergiquement à reconnaître toute domination étrangère, et par conséquent à faire acte de soumission à aucune puissance.

Toujours quelque héroïque victime est tombée l'épée à la main sur l'autel de la liberté et de l'indépendance. Les bases de nos montagnes sont toutes empreintes du sang de nos héros et c'est à ce prix que les habitants ont maintenu inviolé jusqu'à présent le trésor sacré de leur liberté.

Les souverains de l'Europe à l'époque des croisades, firent appel à la nation arménienne afin qu'elle secourût leurs entreprises militaires.... l'Europe ne devrait pas oublier les services rendus à la chrétienté par le peuple arménien.

Nos montagnards, tout en ayant conservé jusqu'à présent leur indépendance, ne sont encore ni protégés ni reconnus des puissances européennes, et afin de se maintenir en leur antique domaine, il leur faut incessamment en venir aux mains avec divers ennemis.

Si le peuple arménien libre et indépendant est ainsi laissé à la merci de la barbarie, jamais ne pourra cesser la lutte sanglante, qu'il va soutenant depuis plus de quatre siècles.

Les grandes puissances commettraient certes une erreur grave en tenant peu compte de la valeur de nos montagnards qui, au prix de leur sang, ont su conserver leur liberté et leur indépendance, leur unique trésor, don du Ciel et objet le plus cher à l'humanité. Ils aimeraient mieux périr en combattant, plutôt que courber le front sous un joug étranger. C'est pourquoi je n'hésite pas, ayant accepté la dictature du Zeithun, de Ghidée, de Hadcin et de Labranda, à me faire devant tous les cabinets européens et toute la chrétienté, l'interprète de ce peuple de héros. Et je ne dois pas oublier d'ajouter avec un sentiment de respect filial qu'un de mes ancêtres, Léon VI, roi d'Arménie, d'impérissable mémoire, soutint à la tête de ce peuple un siége de 10 mois dans la forteresse de Gaban. Si les Arméniens libres et indépendants du Taurus ont voulu qu'un descendant de leur roi défendît leurs foyers et assumât le patronage de leurs droits politiques devant le tribunal de l'Europe, ils n'ont fait qu'imiter les coutumes des nations les plus civilisées.

L'Europe, toujours grande et généreuse, ne voudra pas rester sourde au cri de ce peuple qui demande uniquement à entrer dans le concert de la civilisation et des arts, et à jouir de son indépendance.

La durée de la paix en Orient dépend de la formule suivante : reconnaissance formelle, par voie diplomatique, du gouvernement constitutionnel d'Arménie. La France l'avait ainsi compris quand elle voulut le royaume chrétien d'Arménie, et si ce royaume avait été rétabli, les massacres de Syrie n'auraient pas eu lieu, le sol n'eut pas été inondé de tant de sang chrétien. Ce boulevard avancé de l'Europe dans l'Asie était nécessaire pour sauvegarder les chrétiens en Orient.

Si nos montagnards ne se sont pas encore occupés de faire

co mpter leur pays au nombre des Etats européens, la raison en
est qu'un tel acte est, suivant notre législation, de la compétence
du prince régnant.

A présent nous ne réclamons pas notre antique territoire
actuellement au pouvoir de la Turquie en Asie mineure (la
Cilicie); nous demandons seulement que Tarse soit déclarée ville
libre, attendu que sans la liberté de commerce le pays ne pourra
ni se développer ni progresser; une juste base d'organisation
politique manquerait au peuple arménien libre et indépendant
du Taurus, et ses rapports avec les Etats limitrophes devien-
draient de jour en jour plus difficiles. De tout temps les Arméniens ont compris la nécessité d'un port où le commerce fût
libre, et c'est la répétition de leur vœu.

C'est un devoir également d'appeler l'attention des puissances
européennes sur deux faits dignes de la fixer : 1º Le Gouvernement britannique a garanti l'indépendance des montagnards de
la Cilicie et malgré cet engagement d'une puissance de premier
ordre, ladite indépendance a été violée par l'autorité turque, laquelle s'est immédiatement emparée de Sis, résidence du patriarche suprême qu'elle a réduit à la plus profonde misère; — de
plus notre Eglise a été pillée ; — et cependant le Gouvernement
anglais n'a fait entendre à la Turquie aucune protestation contre
une aussi flagrante violation du droit international! 2º Le sort
des Chrétiens en Orient se trouve à la merci des assassins, des
scélérats : aucune sécurité dans l'existence ou la possession ; et le
Gouvernement ottoman est dans l'impuissance de mettre un
terme à tant d'énormités.

Dans un tel état de choses, il serait cependant de l'intérêt vrai
du Gouvernement ottoman d'accéder, le plus tôt possible, à
notre demande et de nous tendre une main amie, afin de trouver
de concert le moyen de faire cesser toute entreprise commise à
main armée.

Quant à la portée entière de cette proposition, c'est à la saga-
cité des puissances européennes que j'en remets l'appréciation.
Mais je déclare solennellement et je le fais en mon nom et au
nom de mon peuple que nous ne voulons reconnaître nulle sou-
veraineté de puissance quelconque.

Est-il besoin de rappeler encore l'indépendauce du pays dont
je suis aujourd'hui le protecteur, pays qui a constamment joui
du droit de guerre et de paix et n'a jamais cessé d'en faire
usage? Faut-il dire qu'avec une poignée de mes montagnards
j'ai plusieurs fois repoussé une division entière des troupes d'une
grande puissance ?... (1)

(1) Allusion à des luttes en Asie.

Zeithun, Ghidée, Hadcin et Labranda comptent plus de 70,000 Arméniens libres et indépendants et là se trouvent plus de 20,000 braves soldats. On pourrait avec eux faire la guerre, bouleverser l'Orient, venger le droit des gens violé, les droits religieux foulés aux pieds. Mais la paix est préférable, et je me plais à espérer que les puissances européennes prendront à cœur notre sainte cause en appuyant auprès de la Porte nos justes réclamations.

La Russie a été contrainte par les puissances à céder à la Turquie la cinquième partie de la Bessarabie : c'est avec bien plus de raison encore qu'elles pourraient obliger la Turquie à consentir que la ville de Tarse devienne ville libre, vu que les Chrétiens d'Orient sont sans cesse exposés à des périls de tout genre.

Enfin les articles suivants résument nos demandes :

1º Pleine reconnaissance de l'indépendance de Zeithun, Ghidée, Hadcin et Labranda par les voies diplomatiques.

2º Restitution de Sis.

3º Tarse déclaré ville libre où la Porte et le Gouvernement constitutionnel arménien pourront avoir leur garnison respective.

Votre Excellence pourra, par la simple lecture, comprendre que la situation des affaires militaires de ce pays demande de la part de son Gouvernement une prompte décision ; je la prie de bien vouloir porter nos réclamations à la connaissance du gouvernement de S. M.

Le peuple arménien se confiant aux sentiments chrétiens de S. M. se flatte par avance de l'espoir d'un bon accueil pour ses demandes (1).

Que Votre Excellence veuille agréer, etc., etc.

Signé : Léon.

Nº 12

Lettres du prince Léon adressées, en date des 27 Août et 4 Décembre 1862, au ministre des affaires étrangères, à Londres.

Mylord,

En réponse à votre lettre du 3 mai 1862, j'ai promis à Votre Excellence de garder le silence sur ce qui en fait l'objet. Mais je re-

(1) Pour les détails géographiques et historiques joints à cette circulaire voir à la première partie, note (2), pages 21-22.

grette fort que le Gouvernement britannique après avoir garanti
l'indépendance des Montagnards de la Petite Arménie, la Cilicie,
ne maintienne pas les engagements pris à leur égard.

La Turquie semble, grâce à la particulière faveur de l'Angleterre, vouloir attaquer, l'un après l'autre, les pays voisins et pro-
fiter à présent d'une querelle privée entre particuliers pour
autoriser une agression qui ne saurait être d'aucune façon moti-
vée ou justifiée.

La réparation des torts commis qui vient d'être adoptée est une
aggravation contre laquelle je proteste vivement. Laisser le pays
de Zeithun cerné et menacé du fer et du feu est une véritable
déclaration de guerre ainsi qu'une agression contre cette partie de
la nation arménienne indépendante.

Si la Turquie a des griefs, non gratuits mais fondés, elle nous
le fera savoir et en aura satisfaction. Mais qu'elle veuille ne pas
assaillir pendant notre absence des populations pour qui elle
devrait professer de la reconnaissance vu le grand nombre d'Arméniens qui résident à Constantinople et n'ont jamais ni menacé ni troublé la tranquillité de l'Empire ottoman.

C'est non-seulement à votre gouvernement que j'adresse une
protestation, mais encore à toute la nation anglaise et à l'Europe
entière. Je me fie trop à votre équité pour douter que vous don-
niez raison à mes réclamations ou que tout au moins vous en
reconnaissiez le bien fondé.

Agréez, etc.

Le prince Léon d'Arménie, par la volonté de la nation arménienne libre et indépendante du Taurus, protecteur du Zeithun, etc., etc., a l'honneur d'informer le comte John Russel
qu'il attendra l'explication que le noble lord va donner au Parlement anglais au sujet des massacres et saccages récemment
commis par l'autorité turque parmi les Chrétiens de la Petite
Arménie, la Cilicie, avant d'en appeler à la nation arménienne
et à l'Europe.

De tels actes à l'égard d'un Etat indépendant, qui n'est soumis
ni directement ni indirectement à la Turquie, sont une violation
du droit des gens et de la loi naturelle. Du reste, les massacres
de chrétiens en Orient ne cessent point. Comme le fait observer
M. Saint-Marc Girardin, ils changent seulement de lieu, grâce
au Vizirat de Lord Palmerston qui, affranchissant de toute
crainte certains pachas, les rend d'autant plus ardents à la des-
truction des chrétiens qu'ils sont ainsi disposés à croire que tout
leur est permis, la Porte ayant l'appui matériel et moral du gouvernement britannique.

C'est une conduite odieuse contre laquelle le prince d'Arménie n'a pas besoin de protester; il en laisse l'appréciation à l'Europe.

Seulement il fait remarquer à Lord John Russell que les Arméniens indépendants se tiendront sur la défensive, conformément à l'ordre de leur prince, jusqu'à l'arrivée d'une armée chrétienne. C'est pourquoi les habitants du Zeithun ont ainsi répondu au pacha de Marasch : « Si tu nous attaques nous saurons nous défendre jusqu'à la dernière goutte de notre sang. »

Cependant le prince Léon conserve l'espoir d'apprendre, sous peu, que le noble lord, en exposant au Parlement les événements de cette contrée, puisera la source de ses informations auprès de l'agent anglais, à Marasch ou à Alep, et non pas auprès du *Levant Herald*, journal aux gages du pouvoir turc.

Le prince d'Arménie saisit cette occasion d'exprimer, de nouveau, au comte John Russell, etc.

N° 13.

Lettre du prince Léon, adressée, en date du 3 février 1863, au Ministre des affaires étrangères à Paris.

Excellence,

S. M. l'Empereur Napoléon III m'ayant fait savoir que mes réclamations au sujet des événements survenus en Petite Arménie, seraient soumises au jugement de V. E ,j'ai eu l'honneur de vous adresser, le 9 novembre dernier, une seconde lettre avec la relation exacte et circonstanciée des affaires en question, et il m'est pénible de n'avoir pas eu jusqu'à présent de réponse certaine.

Il importe beaucoup que je connaisse l'opinion de votre gouvernement: 1° A l'égard de notre demande concernant la cession, par la Turquie, de la Petite Arménie, la Cilicie, moyennant un tribut annuel, pour former un Etat indépendant sous un gouvernement constitutionnel arménien; 2° Au sujet des massacres commis par les Turcs, en ce pays, contre les Arméniens indépendants.

Mes réclamations sont à présent fondées sur un meilleur titre encore s'il se peut, car si l'Angleterre a pu faire à la Grèce la cession des îles Ioniennes, parfaitement heureuses pourtant sous sa domination, à plus forte raison la Turquie peut nous céder la Petite Arménie moyennant un tribut annuel.....

Le rétablissement du royaume chrétien d'Arménie est d'une nécessité absolue pour la sauvegarde des Chrétiens en Orient et de la paix en Europe.

Lord Palmerston, le grand protecteur des Turcs, n'ignore point, à présent, que je ne suis ni un prince ambitieux, ni un agresseur fanatique désireux de la guerre en Orient : Mon refus de devenir roi de Grèce en est une éclatante preuve. A la vérité, j'ai droit au trône impérial grec, en vertu de mon sang car un de mes aïeux, Léon III, roi d'Arménie, fut le dernier empereur titulaire de Constantinople.

Mais je n'accepterais d'autre titre que celui d'empereur des Grecs, sous un gouvernement constitutionnel, et encore à la condition que le Parlement grec déclarerait Constantinople capitale de l'empire. Différemment, c'est, selon moi, à un prince anglais que les Grecs doivent offrir le trône attendu que s'ils ne peuvent redevenir une grande nation, ils pourraient, par ce moyen, se fortifier.

Tels furent les termes de ma réponse à des Grecs de mes amis et tel a été le langage par moi tenu à M. le président Bulgaris.

C'est là, Monsieur le Ministre, la principale cause déterminante de la cession, par l'Angleterre, des îles Ioniennes. . . . . . .
. . . .

La Turquie abonde en munitions de guerre......, les Chrétiens en sont dépourvus.

Voici, entre beaucoup d'autres, un exemple de la férocité de certains fonctionnaires contre les Chrétiens :

Le pacha de Marasch a envahi, à main armée, les villages chrétiens situés dans son voisinage ; deux cents prisonniers ont été froidement exécutés ; l'église et les maisons furent réduites en cendre. Le couvent de Saint-Salvator fut à son tour envahi ; deux théologiens massacrés, un domestique égorgé, une vieille femme mise en pièces, le couvent pillé et brûlé, voilà l'œuvre qui suivit.

C'est donc à raison de cette barbarie de l'autorité turque chez nous, que nos Zéthunésiens se sont vus contraints de prendre les armes.

Quatre mille d'entre eux ont, le 14 août dernier, jour de la bataille de Saint-Salvator, mis en déroute le pacha de Marasch, à la tête de douze mille hommes......

Enfin, si je viens dénoncer à l'Europe des barbaries qui, changeant de lieu mais ne cessant pas, violent les règles les plus élémentaires du droit des gens et de la loi naturelle, j'accomplis le devoir que m'impose la qualité de Protecteur, à moi conférée par la volonté nationale.

J'en appelle au jugement de l'opinion publique, et m'en rapportant à la haute compétence de V. E., je vous prie, Monsieur le Ministre, d'agréer, etc.

N° 14.

Permis de l'Académie royale des Beaux-Arts de Milan.

Un journal italien qui, peu après la mort du prince Léon d'Arménie-Lusignan, avait ouvert une souscription en faveur de sa famille ayant parlé de lui en ces termes :

» ... Léon VII fit en 1859, comme officier aux turcos, la campagne d'Italie où il fut blessé et sa conduite au feu lui valut d'être nommé aide-de-camp de l'empereur Napoléon III..... *Bon mari, bon père, bon citoyen, il s'efforça constamment de résister aux atteintes de la misère, et maniant le pinceau non sans talent, il s'occupait de peinture, copiant et restaurant les toiles des maîtres anciens, afin de gagner honnêtement son pain et celui des siens .....* » on croit devoir joindre ici, afin de justifier l'assertion relative à ces travaux artistiques, la traduction des autorisations suivantes retrouvées dans les papiers du pauvre defunt dont les spoliateurs et les ennemis ont cultivé, eux, l'art de la calomnie.

ACADÉMIE ROYALE DES BEAUX-ARTS

N° 10.   Milan, 3 mai 1875.

Admettez à la Pinacothèque royale, S. A. le prince Léon de Lusignan.

Pour le Président, le Secrétaire.
Signé : ANTONIO CAIMI.

ACADÉMIE ROYALE DES BEAUX-ARTS DE MILAN

3 Mai 1875.

Faculté est donnée à S. A. le prince de Lusignan de faire des études sur la Cène de Léonard de Vinci.

Le Secrétaire.
Signé : Antonio Caimi.

Ici le sceau de l'Académie royale des
Beaux-Arts de Milan.

A Monsieur Giovanni Lezza, gardien de la Cène de Léonard de Vinci.

N° 15.

Extrait d'acte notarié du 29 Novembre 1877, à Milan, contenant le testament du prince Léon et l'acte de notoriété concernant sa personne et sa famille, etc., etc. (1).

PROTOCOLE DU 29 NOVEMBRE 1877

N°ˢ 2259 — 4767 du registre répertoire.

Régnant, S. M. Victor Emmanuel II, par la grâce de Dieu et la volonté nationale, roi d'Italie.

L'an 1877, le jeudi 27 Novembre mil huit cent soixante-dix-sept,

A Milan, rue Fontana, n° 7, en l'étude du notaire soussigné; étant présents, Messieurs Luigi Guglielmini de Settala, et Gaetano de Dionigi, de Milan, témoins domiciliés, requis, non-intéressés à cet acte, et jouissant de leurs droits civils et par devant moi, docteur en loi, Luigi Marinoni, inscrit au Conseil du district et exerçant à Milan;

Ont comparu et se sont constitués personnellement, Messieurs,

(1) Traduction.

Très Révérend Abbé, professeur, Claudio Borri, fils de feu Pierre, né à Varese (Lombardie);

Chevalier Angelo Zanaboni, fils de feu Antoine, né à Milan, toutes deux personnes domiciliées à Milan, connues de moi et spécialement en leur titre et qualité, le premier de tuteur et le second de subrogé-tuteur des enfants mineurs du prince Léon de Lusignan et de Madame Antonia Luzzi, maintenant défunts, ainsi qu'il résulte du Conseil de famille tenu en 1876 pardevant la royale préture et sous la présidence du Préteur, lesquels Messieurs Borri et Zanaboni en leur qualité susdite et dans l'intérêt des nobles enfants qu'ils représentent, Léontine, — Guy, — Pinna, — Léon, — et Pierre, frères et sœurs de Lusignan, ont fait et font le dépôt de huit documents divers formant preuve, dûment légalisés, à la fin d'établir leurs droits à la succession dudit Léon de Lusignan, prince d'Arménie-Koricosz, descendant de Léon VI, qui fut le dernier roi d'Arménie et successeur de 12 empereurs et 30 rois.

Lesdits documents venus par devant nous, notaire et témoins, avec le concours de Messieurs les déposants sont reconnus, décrits et identifiés comme suit :

1° Copie authentique du codicille olographe, 2 mai 1874, du prince Léon de Lusignan, publié dans la journée du 25 février 1876 et en même temps déposé dans mes minutes au n° 1948, du répertoire.

2° Copie officielle de l'acte, sous serment, de notoriété, 24 novembre 1877, dressé par devant la royale préture compétente à Milan touchant la succession dudit prince.

3° . . . .

4° Certificat de la Junte municipale de Milan, du 14 juin 1877, sur le grade d'aide-de-camp de l'Etat-major de Napoléon III obtenu par le susdit prince, pendant la campagne d'Italie, en 1859.

5° . . . . 6° . . . . 7° . . . .

8° Certificat du Syndic de Milan sur l'état de famille du prince à l'époque de son décès.

Les documents ci-dessus désignés, sur la succession et l'état de famille du susdit prince Léon de Lusignan, sont venus entre mes mains, comme notaire, et sont déposés d'après leur fonction spéciale par M. le professeur Borri et le chevalier Zanaboni.

Document I aux nᵒˢ 2229 — 1948 du répertoire

TESTAMENT (1)

In nomine Domini nostri Jesu Christi.

Nous soussigné Léon prince d'Arménie et de Lusignan, demeurant à Milan, étant en bonne santé et en tout bon sens, nous devons nous soumettre à la volonté de Dieu, et par la pensée nous nous mettons face à face avec la mort qui peut nous frapper dans l'instant.

Nous déclarons dans ce moment suprême et solennel, que nous pardonnons, du plus profond de notre âme, toutes les infamies et injustices que l'empereur de Russie nous a fait subir pendant notre vie, en me dépouillant de tous mes biens, ainsi que les diamants, héritage de mes ancêtres, et tout mon argent, douze mille livres sterling en fonds anglais ou 300,000 francs comme il est expliqué et écrit dans mon memorandum ci-joint, adressé à S. M. l'empereur de Russie.

Comme la volonté dernière d'un mourant est sacrée, de même nous avons la ferme confiance que l'empereur de Russie, en sa qualité de prince chrétien, voudra bien rendre une partie de mes biens saisis et enlevés en 1846, l'an de grâce mil huit cent quarante-six, par l'aide de camp général de C... (2), gouverneur général militaire de Saint-Pétersbourg, c'est-à-dire que le général m'avait enlevés de mes propres mains a ladite époque, afin qu'on puisse exécuter ma volonté dernière que j'ai disposée par mon présent testament, lequel j'ai écrit moi-même dans la forme suivante :

In nomine Patris et Filii et Spiritus Sancti.

Je meurs dans la religion, Catholique, Apostolique Arménienne, dont saint Grégoire l'Illuminateur est l'apôtre; oui, nous glorifions celui qui a été avant tous les siècles en adorant la sainte Trinité et l'unique divinité du Père, du Fils et du Saint-Esprit, maintenant et à jamais dans les siècles des siècles.

1º Je prie Dieu de pardonner mes péchés et de recevoir mon âme dans le paradis, voulant qu'après mon décès mon corps soit enseveli dans les caveaux de Saint-Denis où repose un de mes aïeux, Léon VI, roi d'Arménie; le plus simple que faire se pourra.

2º Je donne et lègue la somme de cinquante mille francs à Guy-Edouard, prince de Lusignan, mon fils bien-aimé.

(1) L'original est en français.
(2) Voir la note accompagnant l'incluse, nᵒ 1.

3° Je donne et lègue la somme de cinquante mille francs à Léon-Henri-Roupen, prince de Lusignan, mon fils bien-aimé.

4° Je donne et lègue la somme de cinquante mille francs à Pierre, prince de Lusignan, mon fils bien-aimé.

5° Je donne et lègue la somme de cinquante mille francs à Marie-Léontine, princesse de Lusignan, ma fille bien-aimée.

6° Je donne et lègue la somme de cinquante mille francs à Pinna, princesse de Lusignan, ma fille bien-aimée.

7° Je donne et lègue la somme de cinquante mille francs à Marie-Hélène, princesse de Lusignan, ma fille bien-aimée, et en outre je donne et lègue à mes fils Guy, Roupen et Pierre, et mes filles Léontine, Pinna et Marie, tous mes diamants, héritage de nos ancêtres . . . . . évalués pour un million de roubles d'argent, qui ont été enlevés en 1846, l'an de grâce mil huit cent quarante-six, par l'aide de camp général de C...

8° Je recommande mes enfants aux nations arméniennes.

9° Je prie l'illustre géneral. . . . . • , Monsieur. . . . . consul général à. . . . . , Mgr. . . . . archevêque arménien, résidant à. . . , et Mgr. . . . . . archevêque de. . . de vouloir bien être mes exécuteurs testamentaires (1).

10° Or en cette forme j'ai fait mon présent testament, voulant qu'il vaille comme codicille donation et disposition à cause de mort, et dans la meilleure forme que de droit pourra valoir, révoquant tous les autres testaments et les dispositions que je puis avoir faites, voulant que le présent soit seul valable.

Et après l'avoir lu et relu et trouvé conforme à ma volonté, je l'ai signé à la fin de celui et au bas des autres pages à Milan le jour du second du mois de mai, l'an de grâce mil huit cent soixante-quatorze (1874).

Signé : Léon, prince d'Arménie et de Lusignan.

Milan, le 25 février 1876, publié aujourd'hui pardevant la royale Préture de l'arrondissement; et soussigné à l'original par deux témoins, plus le secrétaire et le préteur et le notaire.

Enregistré au Coût de L. 1.20, n° 4757 du Registre.

Copie conforme à la disposition codicillaire olographe existant

(1) Les noms de ces personnages dont l'un est l'auteur de la lettre déjà reproduite à la première partie, note (1), page 31, ne sont pas non plus imprimés ici, mais pour des motifs de pure convenance.

en mes actes au procès-verbal de dépôt du 25 février 1876,
nᵒˢ 1948-4056.

Milan, le 19 novembre 1877 (L. T.). *Signé* : Docteur en loi
LUIGI MARINONI, fils de Pio, notaire à Milan.

Légalisé au Coût de 0.60

Vu pour la légalisation de la signature du Docteur LUIGI
MARINONI, notaire à Milan.

Au royal tribunal civil et correctionnel.

Milan, le 25 novembre 1877.

Le chevalier président.

Signé : CARIZZONI.

(L. T.) *Signé :* ALLOCHIO, vice-chancelier.

Document II au nᵒ 2229 du répertoire.

ACTE DE NOTORIÉTÉ

A Milan, quartier Santo-Antonio, et au siége d'office de la ville
compétent pour cet acte, d'après l'article 923 du code civil
italien.

L'an 1877, mil huit cent soixante dix-sept, cejourd'hui, samedi
24 novembre, par devant Monsieur le Préteur..... assisté du
Chancelier d'office, soussignés :

A comparu et s'est constitué personnellement,

Le très-Révérend abbé, professeur, Claudio Borri, fils de feu
Pierre, né, etc., tuteur des princes de Lusignan, comme il
résulte du procès-verbal d'institution du conseil de famille, en
date, etc....., homologué par le royal tribunal civil et correctionnel.

Et suivant la requête que le même M. le professeur Borri a
adressée pour la constatation de la représentation héréditaire,
tant médiate qu'immédiate, de feu Léon de Lusignan, prince
d'Arménie et de Koricosz, descendant de Léon VI, etc., constatation devant servir pour les enfants du dit prince, etc..., il présente les quatre témoins suivants qui se sont trouvés en rapports
familiers ou tout au moins d'affaires avec le défunt et sa famille,
à savoir (1) :

1ᵒ Révérend abbé Paolo T..., àgé de 68 ans, rentier.

(1) Les noms de ces témoins doivent également, par convenance, ne
pas être imprimés ici Les ennemis du prince Léon et de ses orphelins
n'auront pas, de cette façon, toute facilité pour nommer ces honorables
personnes comme « juifs allemands, javanais, tziganes, polonais ; » —

2° Docteur-professeur Giulio C..., âgé de 61 ans.

3° Commissaire de police Luigi V..., âgé de 56 ans.

4° Commerçant Angelo D..., âgé de 50 ans.

Tous quatre jouissant du plein exercice de leurs droits civils et n'ayant pas d'intérêt à cet acte ; le premier, citoyen suisse ; les trois autres, citoyens italiens ; tous domiciliés à Milan, lesquels ont été avertis par M. le Préteur de l'importance d'une déposition judiciaire et du serment, du péril encouru par un tel acte devant Dieu pour les croyants, de l'obligation de déclarer la vérité, et des peines établies contre un faux témoignage en matière civile, de quoi tous et chacun s'étant dits pleinement informés et convaincus, les mêmes témoins ont prêté, en effet, serment chacun dans la forme suivante :

Moi, abbé Paolo T..., moi, docteur-professeur Giulio C..., moi, Luigi V..., moi, Angelo D..., je jure de vouloir dire toute la vérité et rien que la vérité ; puis interpellés au sujet de la dite représentation héréditaire, ils ont émis, tant individuellement qu'ensemble, et toujours d'accord et unanimes, ce qui suit :

Déclaration.

Il est notoire en cette ville de Milan et à notre connaissance directe, que le susnommé, Léon de Lusignan, prince d'Arménie et de Koricosz, né à Etschmiadzin (gouvernement d'Arménie), le 18 août 1821, des époux prince Joseph et princesse Hélène de Georgie, princesse de Bagration, prit personnellement part à la glorieuse bataille de Solferino, livrée le 24 juin 1859, pour l'indépendance de l'Italie, par les armées italienne et française, et qu'il y prit part en qualité de capitaine de Turcos, aide-de-camp de l'Etat-major de Napoléon III.

Qu'après avoir été blessé, ledit prince Léon de Lusignan se rendit à Milan où il se fixa depuis juillet 1859 jusqu'à l'époque de sa mort, survenue en cette ville au mois de février 1876, et que dans cette juridiction, il a laissé dans un profond dénûment sa compagne Antonia Luzzi.... et leurs six enfants ci-dessous indiqués et dénommés.

Que, successivement et à peu de distance, moururent aussi,

comment des gens plus dignes que beaucoup d'autres d'y être transportés ont-ils oublié Nouméa dans leur collection de « peaux juives! »

Quant aux excellents et vaillants tuteur et subrogé tuteur, M. l'abbé Claudio Borri et M. le chevalier Angelo Zanaboni, dont les noms ont été souvent répétés ici, peu leur chault que des malfaiteurs ou des niais les instituent juifs de Sumatra, d'Honolulu, de Siam ou de Bornéo, du pôle arctique ou antarctique.

en août et en septembre, la mère et Marie-Hélène, une des filles, et que dès lors figurent seuls au rang de l'ordre successif immédiat et médiat, comme héritiers de leur père, prince Léon de Lusignan, les autres frères et sœurs nommés Léontina, — Guy, — Pinna, — Léon, — et Pierre, la première élevée gratuitement aujourd'hui à l'institut religieux de…. ; le second et le cinquième élevés aux frais et par les soins de M. le comte de G.-B…; la troisième également aux frais et par les soins de Mme et M. Charles D…, major au 40ᵉ de ligne…. (1); et le quatrième pareillement aux frais et par les soins de M. Albert T… de M…, professeur de l'Université ; — familles françaises toutes trois (2).

Qu'après avoir été, en 1846, acclamé roi d'Arménie, sous le nom de Léon VII, par les populations d'Erivan, le susdit prince Léon de Lusignan, de l'hérédité duquel il s'agit, fut immédiatement, à Saint-Pétersbourg, banni du territoire russe et dépouillé de son avoir personnel consistant en diamants de ses aïeux, évalués à un million de roubles argent, et en fonds anglais représentant 300,000 francs, sans que le tout lui ait jamais été restitué, malgré les vives sollicitations réitérées du défunt et de princes et dignitaires arméniens vers la cour impériale de Russie (3).

Que cependant, conservant toujours l'espoir d'être à quelque moment indemnisé d'une telle perte, ou tout au moins de réintégrer le susdit capital, comme l'exigeraient l'équité et la justice, il en a par cela même disposé en faveur de ses susdits six enfants (suivent leurs noms), et cela par la disposition testamentaire olographe du 2 mai 1874, publiée en cette royale Préture et, en même temps, déposée aux actes du Dʳ en loi Luigi Marinoni, notaire, avec verbal du 25 février 1876. . . . .

. . . .

(1) La princesse Pinna-Caroline est décédée en juin 1878, peu après la mort regrettable du major D… qui, sorti de Saint-Cyr en 1846, avait fait les campagnes de Crimée et d'Italie et, avec distinction aussi, commandé un bataillon pendant la campagne de France.

(2) Ces familles désirent que leurs noms ne soient pas imprimés ici ; nous devons également taire celui de l'institut religieux où la jeune princesse Marie-Léontine étudie, a des notes parfaites et veut demeurer en repos. Le prétendu mariage de cette enfan. avec un manœuvre maçon, récit inventé et publié par les ennemis de son père ne fait pas souhaiter à celle-ci d'être l'objet de quelque nouveau soin de la part des mêmes misérables.

(3) On a déjà pu voir, d'après l'incluse nº 7, quel sort avait rencontré ces réclamations.

Qu'il est au surplus constaté et notoire que cet acte de dernière volonté est le seul connu qu'ait laissé le défunt prince de Lusignan, et que, par conséquent, les seuls héritiers immédiats et médjats, en droit et en fait, de tout son avoir et de toute sa légitime espérance sont ses enfants survivants à savoir : (suivent les noms.)

Les 4 témoins invités par le Préteur à s'expliquer sur l'origine et la crédibilité des dépositions ainsi faites, y ont ajouté respectivement ce qui suit :

L'abbé Paolo T..., qu'il avait été honoré depuis 1859, de la confiance par iculière du prince Léon de Lusignan, chez lequel il a d'ailleurs fait souvent sa partie d'échecs ;

Le Prof. Dr Giulio C..., qu'il avait été avec sa propre famille en rapports agréables avec celle du prince depuis 1865 ;

M. le commissaire de police Luigi V...., que depuis 1871 il avait habité près du susdit prince, et que sa fille devint la bénévole et affectueuse maîtresse de piano de la fille ainée du prince ;

Enfin, M. Angelo D..., qu'il a eu pendant 14 ans la clientèle de la famille de Lusignan qu'il a fournie dans les divers logis par elle occupés.

Que finalement, accablé par les traverses, et réduit à l'extrême besoin, il tomba dans un état de profonde tristesse et même d'hébétude et finit par *mourir de douleur ainsi que sa compagne.*

Tous les témoins sont en outre d'accord pour déclarer que le prince Léon de Lusignan était un parfait gentilhomme, digne par son éducation, sa loyauté, son caractère, d'appartenir à ce haut lignage d'où il provenait, tout en étant exempt d'aucune jactance ; qu'il était entouré de personnes distinguées, tant de l'ordre civil et religieux que de l'ordre diplomatique, lesquels, toujours l'ont traité avec les égards dus à sa naissance et à son sang royal, et que sa dévouée compagne Antonia Luzzi, lui rendait les soins de la plus tendre affection, et avait pour lui, en sa soumission, ce respect dont elle le voyait entouré de la part des habitants comme des étrangers.

De tout quoi est dressé le présent procès-verbal, qui, après lecture et approuvé de chacun, a été signé par les témoins, par le requérant et par l'Office qui a pris connaissance des divers certificats municipaux validant les dépositions ici faites.

Lu, approuvé et soussigné par MM.

Professeur G. C...   Commissaire L. V... et ANGELO D. .
Abbé PAOLO T...   Abbé CLAUDIO B...
LE PRÉTEUR ..   LE CHANCELIER...

(Enregistrement, coût : liv. 1.20).

La présente copie, conforme à l'original, est relevée à la demande de M. le notaire-docteur Marinoni.

Milan, à la chancellerie de la Royale Préture....., le 25 novembre 1877.

Suit la signature du chancelier.

Vu pour légalisation de la signature de M. le chancelier de la R. Préture.

Milan, le 25 novembre 1877,

(Légalisation au coût de 0 fr. 60 c.)

Le chevalier-président.

Signé : CARIZZONI,
(L T)   *Signé* : ALLOCHIO, vice-chancelier.

Document III.

. . . .

Document IV au n° 2229 du Répertoire.

MUNICIPE DE MILAN.

Protocole n° 7869-823   *de* 1876.

Des actes de l'Office municipal relatif au défunt prince de Lusignan résulte de ce qui suit.

Lusignan, Léon, en 1859, animé de sentiments patriotiques demanda et obtint d'être admis comme premier aide-de-camp de l'Etat-major du chef de l'armée française. Il prit part à la glorieuse bataille de Solférino où il fut blessé, et la guerre terminée, il établit sa résidence à Milan, où il vécut de l'allocation mensuelle de 500 francs, qu'il percevait d'un banquier à raison d'une souscription faite en sa faveur par les Arméniens.

Ce moyen d'existence étant venu à se tarir par suite de la faillite du banquier, l'ex-prince se vit contraint de recourir à l'assistance publique.

Signé : DENTI.

Vu pour la copie conforme à l'original, Milan, office municipal, 14 juin 1877.

Signé : BIANCARDI.

Vu pour le Syndic.

Signé : VITTADINI.

Vu pour la légalisation de la signature de M. l'assesseur Vittadini faisant fonctions de syndic de Milan, à la royale préfecture provinciale de Milan, le 26 novembre 1877.

Pour le Préfet.

(Coût de légalisation à L. 3.60.) (L. T.)   *Signé :* GAMBA.

Documents V, VI, VII.

. . . .

Document VIII au n° 2229 du Répertoire.

Le Syndic de la ville de Milan :

Certifie qu'à l'époque de sa mort, le défunt de Lusignan, Léon, né en Arménie en 1821. . . . . . . a laissé six enfants, à savoir :

Suivent les noms et dates de naissance des six enfants précédemment dénommés.

Le présent certificat est remis à monsieur l'abbé Claudio Borri, d'après sa demande régulière.

Milan, 1er juin 1877.

Pour le syndic : *l'Assesseur.*
Signé : E. DARIO.

Le secrétaire.
Signé : CESATI.

Vu : pour la légalisation de la signature
de M. l'assesseur E. DARIO ff^{ons} de
syndic de la ville de Milan

(Coût de légalisation, L. 3,60.)

A la royale préfecture provinciale de Milan,
le 24 novembre 1877.

Pour le préfet,

(L. T.)   Signé : GAMBA.

Suit le protocole final, avec les signatures des tuteur, subrogé-tuteur et témoins :

> Abbé CAUDIO BORRI, professeur universitaire ;
> ANGELO ZANABONI ; GUGLIELMINI ; GAETANO
> DE DIONIGI.

Sceau et signature du notaire, docteur en loi,
> LUIGI MARINONI.

> (frais de L. 1,20, n° 4809 du registre.)

Milan, le 10 décembre 1877, vol. 95, fol. 192, n° 5463. Actes publics.
> Perçu livres dix, et quatre-vingts centimes.
> > *Le receveur.*
> > Signé : ALTOMARE.

Copie conforme à l'original et aux insertions, en plusieurs feuilles toutes munies des signatures et authenticité prescrites.
Milan, le 7 janvier 1878.
> Signé : Docteur en loi, LUIGI MARINONI, fils de
> PIO, notaire à Milan (1).

Vu : pour légalisation de la signature ci-apposée, du docteur Luigi Marinoni, notaire de Milan.
> Au royal tribunal civil et correctionnel.
Milan, le 8 janvier 1878
> > Signé : MALACRIDA.
> (L. T.)   Signé : ALLOCCHIO.

(Coût administratif de 0,60).

Vu : pour légalisation de la signature ci-dessus, de M. le docteur César Malacrida, vice-président du tribunal civil et correctionnel de Milan.
> A la royale préfecture provinciale.
Milan, le 9 janvier 1878.
> > *Pour le Préfet,*
> > Signé : ADAMOLI.

(Coût administratif, 0,60.)

---

(1) On ne peut s'empêcher de dire que l'honorable notaire, non seulement n'a pas pris d'honoraires pour les actes mais encore a tenu à solder tous les frais qu'ils ont occasionnés. De quelque « peau juive » qu'il plaise à des vauriens de l'affubler à son tour, il n'en restera pas moins digne de tous les respects ainsi que les excellents tuteur et subrogé-tuteur.

Milan.

Quitt^{ce}. { N° 48...
          { Date 9/1.

Tarif. . { Art. 171.
       { Obs.

Vu au consulat de France à Milan pour légalisation de la signature de M. Adamoli, conseiller de préfecture à Milan.

Milan, le 9 janvier 1878.

Fr. 12.

Perçu douze francs.

F. R. C.

Pour le Consul de France,

Le Chancelier.

Signé : (Illisible).

(*Ici le sceau du Consulat de France.*)

N° 16.

Acte de baptême-naissance (l'état civil, alors, n'étant pas encore institué à Milan) de Guy-Edouard, fils aîné du prince Léon d'Arménie-Lusignan (1).

Paroisse de Saint-Babila.   Office d'anagraphe.

Milan.

Le 9 janvier 1877.

Il appert des registres conservés aux archives de cette paroisse que Guy-Edouard, fils du prince Léon de Lusignan et de madame Antonia Angiola Luzzi, est né et a été baptisé le dix-septième jour d'avril mil huit cent soixante-trois (17 avril 1863).

En foi de quoi,

Signé : Chanoine Carlo Righini, curé.

(Sceau de la paroisse.)

Vu pour légalisation :

Milan, curie archiépiscopale, 28 août 1877.

Signé : P. Franc° Ma. Rossi, vicaire-général.

(Sceau de la curie archiépiscopale.)   Suit une signature illisible.

Vu pour la légalisation de la signature ci-contre apposée du P. Francesco Maria Rossi, vicaire-général, etc.

(1) Traduction.

Milan, le 29 octobre 1877

(Sceau de la Junte municipale de Milan.)

Le Syndic.
Doctr ZIROTTI, assesseur.

Suit une signature illisible.

MILAN.

Quittce. { N° 104. Date, 29/8.

Tarif. . { Art. 5. Obs.

Fr. 3.0c.
Perçu trois francs.
F. R. C.

(Sceau du consulat de France.)

Vu au Consulat de France pour légalisation de la signature de M. ZIROTTI, assesseur municipal de Milan.

Milan, le 29 août 1877.
P. le consul de France.

Le Chancelier.
Signé : (illisible).

N. B. *Les personnes qui désireraient d'autres éclaircissements, peuvent écrire à M. le comte de G.-B.*

Rue Montaigne,

Bureau restant,

Paris.

POST-FAIT

Si les détracteurs du prince Léon trouvaient cet ensemble de documents insuffisant on pourrait encore leur opposer le témoignage de trois personnes actuellement vivantes.

L'un a vu S. A. le duc de Brunswick en visite, à Paris, chez Léon d'Arménie. Du reste ces deux princes avaient coutume de se traiter de « cousins ».

L'autre, historiographe connu, a en Italie et en 1859, assisté à des entretiens du prince Léon avec Napoléon III.

Enfin, le troisième, fils de député, petit-fils de maréchal de France et officier d'ordonnance pendant la campagne de 1859 y a retrouvé le prince Léon qu'il avait, à Paris, connu auprès d'un autre véritable Lusignan le plus proche en France de la branche royale de cette maison que Brantôme a nommée « la plus illustre d'Europe » Voici, textuellement, un propos de cet officier au sujet du prince : « Je le revois encore sous son uniforme d'officier aux tirailleurs indigènes, œil ardent et tête énergique. »

Pour conclure, nous reproduisons une lettre adressée par le fils ainé du prince Léon à divers journaux qui avaient inconsciemment prêté leur publicité à une récente usurpation de titre, nom et prénoms. Commise par des outrecuidants avancés en âge, cette usurpation a été poussée, en effet, jusqu'au point de s'approprier même les prénoms des orphelins du prince Léon d'Arménie-Lusignan.

Cette lettre d'un fils énergique et pieux qui défend son père ses frères, et avec leurs droits ceux du peuple Arménien, résume fidèlement les diverses phases de l'existence d'un patriote modèle de vertus, victime de certains russes, et digne à jamais d'exciter l'intérêt des amis de l'Honneur de la Justice et de la Vérité.

Paris, 5 août 1878.

Monsieur le rédacteur en chef.

Un numéro du....... qui vient de m'être communiqué reproduit, en l'accompagnant de quelques observations, une correspondance de Saint-Pétersbourg, adressée, en date du 13 juillet dernier. à un journal de Berlin, la *Norddeutsche allgemeine Zeitung.* Il y est fait mention de mon père de façon à nécessiter une rectification que j'invoque et attends de votre courtoisie.

D'après cette correspondance, il existerait à Saint-Pétersbourg . . . .

. . . .

Enfin, « le fils unique, » de ce « dernier des Lusignan, » ajoute le correspondant russe de la feuille d'Allemagne, est mort en Italie dans la plus grande misère et « il n'a pas d'autres héritiers. »

Né prince d'Arménie, issu de Léon VI dernier roi d'Arménie (maison royale des Lusignan) et, par sa mère. d'Héraclius le Grand, solennellement baptisé par le patriarche suprême, mon père que visent certains traits de cette correspondance est mort, effectivement, très malheureux en Italie, où, en vertu de son origine, il était, ainsi qu'en Arménie, en Russie, en Angleterre, en France et en Allemagne, parfaitement connu comme prince de Koricosz (1), prince de Lusignan ; mais, dès l'âge de sept ans, il était orphelin de père et de mère lorsque la Russie victorieuse en 1829 s'emparait et du territoire arménien et du domaine royal des derniers princes souverains d'Arménie, liés par d'anciens traités à la Perse vaincue.

Réduit à l'état de simple particulier, n'ayant d'autres ressources qu'une petite fortune liquide et des diamants de quelque valeur, « estimés à plus d'un million de roubles, soit quatre millions de francs environ », mon père, dont l'éducation fut très cultivée, entra à dix-huit ans dans la vie politique, en prenant généreusement la défense de l'archevêque de Tiflis, que l'empereur Nicolas avait banni et qui devint le patriarche suprême Nersès V.

Dès lors considéré comme défenseur de l'Eglise d'Orient, mon père acquit une telle popularité qu'en 1846 il était acclamé, sous le nom de Léon VII, par les populations arméniennes que convoitait l'empire et que courbe à présent le joug russe. Mais, tandis que durant cette même année il se trouvait en Russie, un « ordre suprême » lui enjoignit d'en sortir en s'embarquant à Cronstadt pour l'Angleterre.

Tout en lui promettant de la part de l'empereur Nicolas une pension suffisante pour vivre à l'étranger, conformément à son rang, les agents chargés d'exécuter « l'ordre suprême » eurent soin de lui enlever 12,000 livres sterling (trois cent mille francs), ainsi que tous ses diamants et joyaux héréditaires, sans lui laisser autre chose que cent ducats et les effets qu'il avait au corps. Quant à la pension promise, il n'a jamais touché que mille francs, peu après comptés par M. de Krehmer consul général de Russie à Londres. Enfin, quand après quelques années, contraint par la nécessité, il dut s'adresser à la cour de Russie, il n'en vit jamais

(1) Prince de Koricosz veut dire, en Arménie, ce que prince Dauphin signifiait autrefois en France.

venir que le renvoi de ses plaintes bien fondées, et dont je passe le détail.

Retiré en Italie, où, en qualité d'aide de camp de l'empereur Napoléon, il eut l'honneur de faire la campagne de 1859 dans les rangs de l'armée française (blessé à Solférino), mon père espéra longtemps de la part des cabinets européens la reconnaissance de l'indépendance des populations viriles et libres du Taurus en Cilicie, qui, en août 1862, mettaient en déroute l'armée du cruel pacha de Marasch venue pour égorger les chrétiens.

Il est mort à la peine en cette retraite, après avoir dignement refusé, malgré la détresse, une misérable somme de cent mille francs offerte « au moment psychologique » par les larrons de 1846 pour qu'il se résignât et se tût.

Sans le secours de certaines âmes généreuses, ses orphelins, pauvres descendants de douze empereurs et de trente rois, n'auraient eu à leur tour qu'à mourir de faim, et lorsque trois familles francaises — que la noble France soit bénie ! — voulurent bien se charger de quatre d'entre nous, les gens ou les héritiers des gens qui avaient dépouillé notre père ne reculèrent pas devant de nouvelles prouesses pour tenter de nous aliéner la sympathie de ces familles. Nonobstant, un de mes frères a trouvé l'abri et l'affection d'un membre de l'Université, M. T. de M...; ma plus jeune sœur fut adoptée par Mme D... et par son mari, officier supérieur; et mon plus jeune frère, âgé alors de trois ans et demi, est devenu, ainsi que moi, le pupille de M. le comte de G... B... Celui-ci, en mars dernier, vu l'état de recueillement obligatoire imposé par les circonstances à la France, a cru devoir entretenir le gouvernement anglais, « avant les accords de M. Layard avec le sultan », de l'avantage que trouverait l'Europe, et contre le fanatisme des uns, et contre le panslavisme des autres, à constituer avec Chypre et les populations indépendantes du Taurus, desquels mon père fut le protecteur et l'organe, un Etat neutre, chargé de remplir en Asie Mineure, sous la dynastie de Léon VI, à l'aide du régime constitutionnel et d'un protectorat spécial, le même rôle que jouent la Belgique et la Suisse entre les nations européennes.

Au « lion d'Arménie », l'Angleterre a préféré substituer le « lion britannique » et créer peut-être à l'Europe, ainsi qu'à elle-même, dans un temps donné, de nouvelles et redoutables complications.

Dans tous les cas, je ne crois pas que personne ait qualité pour lui faire une cession de droit dont elle sait, du reste, aisément se passer.

Mais de l'article de la feuille berlinoise, rapporté, sans y mal penser je suppose, dans votre estimable journal, il me semble résulter surtout que les mêmes gens qui ont dépouillé mon père,

Qui ont de son propre argent soudoyé des misérables pour qu'il fût outragé, non-seulement de son vivant, mais encore après sa mort,

Qui, pour se venger du mépris de nos familles adoptives à l'endroit et à l'envers de leurs nouvelles trames, faisaient répandre dernièrement, par les journaux d'Europe, le récit du prétendu mariage de notre sœur avec un maçon, tandis qu'elle est encore toute à ses études,

Veulent maintenant donner à croire que l'infortuné prince Léon d'Arménie Lusignan, est mort sans héritiers. Son testament authentique et enregistré s'oppose à cette nouvelle « fantaisie ».

En résumé, notre père, orphelin à sept ans, mort de chagrin en Italie, âgé de cinquante-cinq ans, ayant été dépouillé entièrement au mois de septembre 1846 en Russie au nom d'un « ordre suprême », n'est pas le fils d'un personnage vivant ridiculement à Saint-Pétersbourg des maigres aumônes de la cour. Le simple rapprochement des dates suffît du reste à montrer l'invraisemblance de cette autre noble version pétersbourgeoise.

Quant à d'autres personnes, habitant Paris, qui « descendraient de la maison royale des Lusignan », et que vous avez bien voulu citer à l'occasion de l'article reproduit du journal de Berlin, nous en avons entendu parler récemment et non sans un certain regret.

En tout cas, et tout en ayant l'honneur de vous adresser, monsieur le rédacteur, l'exp.ession de mes compliments et de mes remerciements par avance, je peux et dois affirmer ici que nul autre que moi n'a le droit de se dire et de signer :

Prince GUY DE LUSIGNAN.

. . . .

Encore un coup, déplaisante à certains — comme au crime et à l'oiseau de nuit déplait le jour — la Vérité autre clarté céleste, plaît aux âmes honnêtes.

VOX.

FIN.

Paris. — Typ. Collombon et Brulé, rue de l'Abbaye, 22